a Chinese Name to Cherish

Choosing an auspicious name for your baby

Lin Shan

Marshall Cavendish
Editions

Cover design: Lock Hong Liang
Cover images by Photolibrary

First Published as *What's in a Chinese Name?*
This edition with new cover published 2010 by
Marshall Cavendish Editions
An imprint of Marshall Cavendish International
1 New Industrial Road, Singapore 536196

Other Marshall Cavendish Offices
Marshall Cavendish International. PO Box 65829, London EC1P 1NY, UK • Marshall
Cavendish Corporation. 99 White Plains Road, Tarrytown NY 10591-9001, USA •
Marshall Cavendish International (Thailand) Co Ltd. 253 Asoke, 12th Flr, Sukhumvit
21 Road, Klongtoey Nua, Wattana, Bangkok 10110, Thailand • Marshall Cavendish
(Malaysia) Sdn Bhd, Times Subang, Lot 46, Subang Hi-Tech Industrial Park, Batu Tiga,
40000 Shah Alam, Selangor Darul Ehsan, Malaysia

Marshall Cavendish is a trademark of Times Publishing Limited

National Library Board Singapore Cataloguing in Publication Data
Lin, Shan.
A Chinese name to cherish : choosing an auspicious name for your baby / Lin Shan. –
Singapore : Marshall Cavendish Editions, c2010.
p. cm.
ISBN-13 : 978-981-4276-44-3
1. Names, Chinese. 2. Names, Personal – Chinese. I. Title.
CS2990
929.4 – dc22   OCN493682381

Printed in Singapore by C.O.S. Printers Pte Ltd

FOREWORD

It was from the heart of Juliet, a Capulet, pining for the love of Romeo of the rival House of Montague that these words were spoken:

> What's Montague? It is nor hand, nor foot.
> Nor arm, nor face, nor any other part
> Belonging to a man. O, be some other name!
> What's in a name? That which we call a rose
> By any other name would smell as sweet.

It seems that these sentimental words of a young lover put forth so well by the English bard, Shakespeare, have come down to influence the attitude towards the choosing of names in the English-speaking world.

In the Chinese-speaking world, however, the choosing of names for a person is all and everything – from cradle to grave and long ever after. The Chinese have always paid such meticulous attention to the choosing of names that it has become an art and even a science, a cultural tradition and a way of life for them.

To help modern Chinese parents to choose a name that has a good meaning, that sounds good and at the same time that is not commonplace, Madam Lin Shan has provided in this book a wide selection from among 900 propitious words. Each word, in simplified character and hanyu pinyin, is explained in English. A list of Chinese surnames, also in hanyu pinyin, and a brief account of the relation between Chinese names and the lunar animal signs are also included. This book is a practical guide that every Chinese family will find useful.

WU TEH YAO
March 20, 1981

CONTENTS

HOW TO USE THIS BOOK

How do the Chinese choose the names of their children? What are the customary practices involved in the naming game? These questions are answered in the Introduction, which also offers insights into the traditional and practical reasons that have to be considered.

Chinese surnames and names

Most Chinese surnames are of a single character, while a few are of two characters. The names, however, are usually of two characters, and this is the type used in the examples in this book.

On pages 14 to 16 is a list of surnames in simplified Chinese characters and hanyu pinyin, arranged alphabetically. The 900 characters that follow are those most commonly used in Chinese names. They are also arranged according to the alphabetical order of their hanyu pinyin, with meanings explained in English. A character may appear either as the first or the second word in a two-character name, for example, on page 18:

> Bái 白　　～兰　(白 is used as the first character)
> 　　　　孔～　(白 is used as the second character)

About seven examples of names are given for each character.

The gender of names

An "F" at the foot of a character indicates that the character is usually used in a female name while an "M" indicates one commonly found in a male name. A character with neither of these letters can be used in either female or male names.

The meaning of names

A character may have many meanings, but only those meanings associated with name images are given. For example, "厚" (Hòu)

1

means variously (1) thick, (2) deep, (3) kind, (4) large, generous, (5) rich or strong in flavour, (6) favour. Only the third, fourth and sixth meanings are given, as the rest are unsuitable meanings for names.

To find the meaning(s) of a name, first transcribe the name into pinyin. Let us take "笑梅". Look up "Xiao" in the book. Among the several characters with the same pinyin, find "笑" and its meaning, which is given as "smile". In the same way, pick out "梅" from among the characters with the pinyin "Mei". It means "plum blossom". Thus, we have the meaning for "笑梅" which is "Smiling Plum Blossom".

INTRODUCTION

Why are names so important?

Chinese culture has a long history and Chinese characters have come a long way too. Chinese characters are not only beautiful in their forms, but they are also very subtle in their meanings. This is even more so as is manifested in a person's Chinese name. A Chinese name is a self-identification, a representation of one's personality, a recognition of one's legal rights and a symbol of one's existence. A person's visible form will die, but his formless life will live on forever in his name. Hence, there is a Chinese idiom which says: "One is not afraid to be born with a bad destiny but to be given a bad name."

The Chinese are very particular about a person's name. They even believe that a name can represent a person's fate and an appropriate name can change a person's initial ill fate. In our present society where human relations are gaining importance, a name can become an image-maker and thus greater attention is being paid to names. People usually form their first impression about somebody by the subconscious interpretation, correlation and implication of a person's name based on the forms, sounds and meanings of the words which make up the name. With this preconceived notion, people may arrive at certain conjectural information about the person.

Of course, what is more important is that a name will have an implicative impact upon a person's mentality in an invisible philosophical manner. A child's innate intelligence and spirit, lodged with the meaning of the words which make up the child's name will be there till he grows up. As the child has, day in and day out, for months and for years, been listening, writing and remembering his own name, his character and emotions will be unconsciously changed or moulded by the meaning inherent in his name. Indirectly a person's fate may be influenced in the same way.

3

Differences between Chinese and Western names

Chinese names are different from Western ones in that the latter are readily available and a Westerner needs only to choose one from a list. They call themselves John Coffin, Martin Everyday, Elizabeth Bird, Mary Blacksmith or Lucy Goldsmith. To the Chinese, these names seem strange and funny.

On the other hand, Chinese names are selected, after much thought, from the thousands of Chinese words.

To give an analogy, Western names are like clothes mass produced in a factory. As long as you find a suitable one, you can buy and use it. As for Chinese names, they are like clothes custom-made by the tailor, with the material specially picked and the style exclusively designed for you.

Guidelines for choosing a name

Through the shapes of characters, Chinese names in calligraphy can display a refined design and beauty just like a piece of abstract art. Even the combined sound of the characters in a Chinese name can strike a harmonious chord and be pleasant to the ear. Meanings of the words chosen for a name can also express the parents' aspirations for the child. Furthermore, the versatility of different combinations of words can convey varied shades of meanings.

So, in choosing a Chinese name, consideration must be given to the following qualities. A good name
  a. should be pleasant to the ear
  b. should be pleasant to the eye
  c. should be easy to write
  d. should be easy to remember
  e. should have a propitious meaning
  f. should have a good connotation.

(a) Names must be pleasant to the ear

The Chinese word for name, 名 (ming), is made up of 夕 (xi) meaning "night" and 口 (kou) meaning "mouth". This is to say that even though you cannot see a person in the dark of the night, you can use your mouth to call out his name. Therefore, a clear and resounding name is very important.

For instance, names like 余怡艺 (Yu Yiyi), 淑施诗 (Shu Shishi), 程述成 (Cheng Shucheng) and 谢温颖 (Xie Wenying) may be elegant in writing, but they sound muffled. As such, they cannot be considered good names.

(b) Names should be pleasant to the eye

Chinese characters are formed by strokes resulting in artistic structures. A name that has a balanced distribution of strokes and a harmonious image portrays a static form of architectural art.

A name that looks weak and frail is 丁子才 (Ding Zicai). Its thin lanky overall appearance suggests frailty and unsteadiness. Conversely, another name, 魏健麟 (Wei Jianlin) appears stout and complex.

Amiable and well-bred

Dynamic and bold

Strong and determined

Honest and uncomplicated

SIGNATURES AND PERSONALITIES

Both are instances of unattractive combinations of characters which are to be avoided in names.

(c) Names should be easy to write

We probably cannot reckon the countless times we sign or write our signatures.

The signatures, in Chinese characters, of some people have a free and natural flow, giving others a feeling of ease and gentility. Some sign their names with bold flourish, giving others a feeling of vigour. There are also signatures that evoke in others a feeling of firm determination with their strong, forceful strokes, while others in upright and prim form, give the impression that they belong to people of integrity and honour.

To obtain the image of a gliding cloud or flowing water, names with strokes that give a balanced structure should be the obvious choice.

In the written form 郝耶郁 (Hao Yeyu) and 陶隆阶 (Tao Longjie) look lopsided. Also the complicated strokes take much effort to write and so there is no certainty of a pretty visual form.

(d) Names should be easy to remember

True to the saying "A tiger leaves its skin after death, so does a person his name", a person's name becomes a part of him. Even after his death, his name represents all that he has done in his lifetime. At the mention of Abraham Lincoln and Thomas Edison, we recall a man who freed the Negro slaves and the king of inventions respectively.

While the person is alive, we may even see his name as a symbol of his looks, character, authority, status, wealth, reputation and power. Therefore, it is worthwhile to select a name that has a comprehensible meaning and thus is easy to remember, unique and yet not outlandish. Names like 陈玉英 (Chen Yuying), 王秀珍 (Wang Xiuzhen), 张丽珠 (Zhang Lizhu), 林正雄 (Lin Zhengxiong), 郑天赐 (Zheng Tianci) are too common and over-used, while names like 余睿妍 (Yu Ruiyan) and 邵魁槐 (Shao Kuihuai) have meanings that are too difficult to understand. It might even involve the devil (鬼) when explaining the last name. Yet other names such as 丁外人 (Ding Wairen), 易哭庵 (Yi Kuyan), 王仔昔 (Wang Zaixi) and 荀罕儒 (Xu Hanru) are rather queer.

(e) Names must have propitious meanings

As Chinese characters are representations of things and ideas, names, at the first encounter, can convey their intended meanings.

Whether the implied meaning of a name is refined and beautiful or common and shallow, it has a psychological play on the person. It also affects people's impressions of him.

Written into most names are the parents' ideals and hopes which, in turn, are based on the highest values and moral standards of the Chinese. These include loyalty, filial piety, humanity, trustworthiness, being peace-loving, showing care for one's family, setting an example and bringing glory to one's clan or ancestors.

Examples of names that incorporate this principle are:

耀宗　Yaozong
耀祖　Yaozu
} meaning to bring glory to one's ancestors

丽华　Lihua
美华　Meihua
} meaning beautiful flower or to beautify China

经国　Jingguo
纬国　Weiguo
} meaning to have authority over the country

家柱　Jiazhu
家栋　Jiadong
} meaning pillar of the family

文德　Wende
文贤　Wenxian
} meaning respectable scholar

(f) Names must have good connotations

The Chinese language has many homophones, that is, words with the same pronunciation. There are between 70 to 80 characters with the same pinyin of Qi and Yi.

Therefore, if the name mentioned is Qiyi (齐谊), the listener might at first instance, associate it with 棋艺 (skilful in chess), or 奇毅 (strong determination) or 琦蕙 (beautiful jade and lotus heart). To distinguish it from the above, there arises the need to clarify that the first word Qi (齐) means "orderly" and the second, Yi (谊) means "friendship".

7

Because of the many homophones that are present in the Chinese language, it is worth every effort to avoid those names with unrefined meanings such as:

Names	Homophones	Meanings of homophones
李芳碧 Li Fang Bi	你放屁 ni fang pi	you're talking nonsense
游史赞 You Shi Zan	牛屎蛋 niu shi dan	lump of cow-dung
简聪熙 Jian Cong Xi	捡东西 jian dong xi	collecting something
庄官财 Zhuang Guan Cai	装棺材 zhuang guan cai	filling up the coffin

All these names can cause undue embarrassment.

The Chinese have another interesting but not uncommon practice which somewhat deviates from the last two conditions that require names to have good meanings and connotations.

There were many well-known historical figures who had names made up of words with negative meanings, for example 霍去病 Huo Qubing, 赵破奴 Zhao Ponu and 辛弃疾 Xin Qiji. Individually, the component words in these names carry undesirable connotations, but in combination, two negative words produce a positive meaning.

去 (qu), meaning 'to get rid of' and 病 (bing), meaning 'illness' together form a phrase connoting blessing of an illness-free life. In the case of Huo Qubing, an able general of the Han dynasty, the name also has the additional positive meaning of 霍然而愈 , or getting well quickly in the event of falling ill.

Similarly, 赵破奴 Zhao Ponu, a fellow Han general of Huo Qubing, had a positive, patriotic name meaning 破敌兵, 杀匈奴 , or 'defeating the enemy, killing the *Xiong nu*'.

辛弃疾 Xin Qiji, a renowned poet of the Southern Song dynasty, was very sickly during his childhood. In the hope of 弃绝疾病 , or forsaking all illnesses, he was given his name 弃疾 Qiji. Negative words are, therefore, not necessarily taboo in names, provided they are used in judicious combination.

8

There have been cases, too, of parents picking names that seemingly have unfavourable meanings, such as:

乃愚　(Naiyu) meaning 'foolish'
若孺　(Ruoru) meaning 'naive like a child'
宜痴　(Yichi) meaning 'better to be foolish'
淡如　(Danru) meaning 'nonchalant'

The names convey an indifferent regard for worldly gains like fame and fortune, but they are chosen for a specific reason – to reflect the parents' philosophical attitude towards life.

Examples of some other Chinese surnames that carry negative connotations are 白 bai (in vain), 仇 chou (hatred), 刁 diao (tricky), 苟 gou (drift along), 冷 leng (cold), 厉 li (severe), 危 wei (danger), 巫 wu (witch), 胡 hu (reckless), 屠 tu (slaughter). Some surnames may have homonyms with negative connotations, for example, 吴 wu (无, nil), 裴 pei (赔, loss), 贾 jia (假 false), 佘 she (蛇 snake). So care has to be taken in choosing names for any of these surnames. The following names are designated to neutralize the negative connotations associated with such surnames:

危自安 Wei Zian	贾上弘 Jia Shanghong
冷艳芳 Leng Yanfang	巫秋萱 Wu Qiuxuan
吴虚白 Wu Xubai	裴畅怡 Pei Changyi
仇解元 Chou Jieyuan	屠蕙华 Tu Huihua
杜鹃春 Du Juanchun	佘大涵 She Dahan
苟礼新 Gou Lixin	胡桂祯 Hu Guizhen
莫　迟 Mo Chi	厉　维 Li Wei
屠　辛 Tu Xin	刁　禹 Diao Yu

Examples of well-chosen names

In addition to the conditions that have to be considered when naming a child, a good name should be complementary when combined with the surname. The following are, in the author's opinion, good names:

黄望青 *Huang Wangqing*

In one Chinese saying, 青黄不接 which means "when the new crop is still in the blade and the old one is all consumed . . . ", 青 (Qing) represents the new crop and 黄 (Huang) the · old crop. Literally, 黄望青 is to look forward to the lush green seedlings even at the harvesting season of the golden ripe grains. The name, therefore, signifies ever-continuing harvest and bright prospects.

成终始　*Cheng Zhongshi*

Cheng means "success", Zhong "the end", Shi "the beginning", and as a whole this name signifies the hope of "success from beginning to end".

王安石　*Wang Anshi*

Wang Anshi was a well-known politician of the Song Dynasty. The name Anshi which means "stable foundation", seemingly had a direct bearing on Wang's career. Also the characters, being balanced and harmonious in structure, illustrate a good example of static beauty.

郑为　*Zheng Wei*

This one-character surname with a one-character name has the same pinyn as " 正为 " meaning "good and proper conduct". However, should the surname be 胡 (Hu). it becomes 胡为 (Hu Wei) and the opposite meaning "improper conduct" is implied.

Other examples of names well received for their favourable connotations are:

江万里	Jiang Wanli	(an endless river)
安如山	An Rushan	(as steady as a mountain)
王佐才	Wang Zuocai	(a talented assistant to the king)
王者辅	Wang Zhebu	(aided by the king)
凌云翰	Ling Yunhan	(lofty aspirations)
云朝霞	Yun Zhaoxia	(morning glow)
时丰稔	Shi Fengren	(time of bumper harvest)
诸国朝	Zhu Guochao	(looked upon by the states)
王侯喜	Wang Houxi	(happy marquis)
贺　寿	He Shou	(birthday greetings)

Generation names

Generation names came about when the ancestor of a clan assigned to each generation in his lineage a character which is usually taken from a propitious couplet or verse. For instance, the Huang (黄)

family of Zhongde (种德) clan in Jiangxia (江夏) county might pick the verse:

英俊兴昌　Ying Jun Xing Chang
永肇其祥　Yong Zhao Qi Xiang
青云得标　Qing Yun De Biao
辉焕芬芳　Hui Huan Fen Fang

These sixteen words would be taken on as the generation names for sixteen generations in that order, that is, beginning with 英 (Ying) for the first generation through 芳 (Fang) for the sixteenth. The generation names may be used as the first or second word in a two-character name. Through generation names, the ancestor aspired to embody the ideals of the verse throughout his lineage.

Generation names can also distinguish the ranks in the family hierarchy. Should you meet, outside your hometown, a person from the same province, you can know he is your cousin if he bears the same generation name as yours – even if it is the first time that you are meeting him. Thus, generation names promote relationship among relatives.

Generation names prolong the intrinsic culture of the Chinese and promote the virtue of not forgetting one's roots. They are the root of culture, the root of history and the root of a race.

E.g.   With one syllable: May, Anne
      With two syllables: Ada, Eva
      With three syllables: Adela, Jonathan
      With four syllables: Bartholomew, Elizabeth

So in this book, the Chinese equivalents, not the transliteration, of one-syllable English names are given in two characters. Similarly, two characters are applied to only two of the three- or four-syllable English names, e.g. 乐丽 or 莉达 for Lolita.

English names which are very similar in pronunciation, e.g. Muriel, Myra, Myrrha, and Myrtle, can share the same Chinese equivalents. You will choose from among these the Chinese equivalent that you want for your own English name.

简 介

人死留名

一个人跟自己名字的关系，可说一而二，二而一，一生形影不离。由于经年累月、朝朝暮暮地，耳中常常听着，笔下常常写着，心里常常记着，不知不觉地，就会产生潜移默化的作用，使自己的性情受到影响，间接地也影响命运。

西方人的名字，都是现成的，好象大量生产的成衣，你只要拣一个你喜欢的就是。可是华人的名字，要经过小心、周密的思考，好象裁缝师为你量身、缝制的衣服，是特别为你选料、配色、设计、剪裁而成。

华人的名字在字形上，可以表现书法的美感，字音上表现悦耳的声音，字义上更表现长辈对孩子的希望，和文字配搭的妙趣。使别人在"久闻大名"之后，由于名字的暗示和联想，而产生对那个人的第一印象，也可以对他的家庭背景、文化程度作相当的猜度。

一个好名字必须好听、好看、好懂、好记、好的含义、和好的联想。

一、**好听**　"名"是由"夕"（night）和"口"（mouth）组成的，就是说在夜晚看不见的时候，可以用口呼叫对方的名字。因此字音清楚、肯定，音节响亮、悦耳，是很重要的。象余怡艺、石蕴玉，念起来觉得含糊不清。而李行（xíng, háng）、郑重（zhòng, chóng）、林乐（lè, yuè）、王朝（cháng, zhāo），这些多音字，也叫人不肯定应该怎么念。

二、**好看**　我们已无法计算，一生中要写多少次自己的名字。无形中已把自己的性情、心神流注在笔尖，是生平写得最好的几个字。所以在取名选字的时候，要选笔划简单，形体稳定的字，才能形成一种优美的抽象艺术。象"丁子才"就看起来单薄，而"魏健麟"又看起来粗壮，都是字形不美的例子。

三、**好懂** 在向别人介绍自己姓名的时候，常要借助拆字，或解释字义，或借用现成的词语。比如名字是"章达生"，介绍时就说，立、早、"章"，"四通八达"的"达"，"先生"的"生"。最好不要选用生冷的字。好象：

—我叫王贲。三划"王"，"喷水"的"贲"没有"口"。

—哦，是不是"坟墓"的"坟"没有"土"？

你看，这样的理解，可不大妙呢！

四、**好记** 俗语说"虎死留皮，人死留名。"姓名的生命比人的生命长得多，有不灭的特性。比如一提起林肯（Abraham Lincoln），就叫人想起他是"解放黑奴的美国总统"。一提起爱迪生（Thomas A. Edison），就叫人想起"发明大王"。在一个人还活着的时候，名字更是他的体貌、人格、法权、产业、地位……的代号。

名字既然这样重要，怎样取个配合个人神貌，又不太怪，也不太俗的好名字，就更是一门学问了。象玉英、秀珍、顺发、福来，都太通俗，同名同姓的太多了。

五、**好的含义** 由于中文有顾名思义的特性，名字如果优美，就会给人良好的印象。名字如果粗俗，当别人问起贵姓大名的时候，就会不敢开口，怕被人取笑。名字大多反映父母的希望，和华人社会的价值观，以及做人的标准。象贤德、光正、慈孝、美慧都是。

六、**好的联想** 中文有许多同音字，取名时，要注意避免容易引起误会的字眼儿。有时还要用各种方言念一念，免得点名时，引起哄堂大笑。好象：

史 刚—屎 缸	简聪熙—拣东西
廖 平—尿 瓶	庄官财—装棺材
游始赞—牛屎蛋	曾桃燕—真讨厌

而高思德，这个本来很好的名字，汉语拼音是 Gāo Sidé，读起来就好象是福建话"狗屎"了。

贬义字姓名

历史上以贬义字取名的，有鼎鼎大名的霍去病、赵破奴、辛弃疾这些。名字虽然是贬义字，可是两个贬义字加在一起，就会产生（－）（－）＝（＋）负负得正的作用。"霍去病"有"霍然而愈"的意思；"赵破奴"是"破敌兵，杀匈奴"的意思。因为当时匈奴为患，时常侵扰中国，他们都是汉武帝的大将。辛弃疾是南宋诗人，也是杀金兵的将领，因为小时多病，才有这"弃绝疾病"含意的名字。由此可见，贬义字如果用得好，也可以用来取名。

另外，有些作为姓氏的字，本身含有贬义，象白(in vain)、仇(hatred)、刁(tricky)、杜(put an end of)、苟(drift along)、冷(cold)、厉(strict)、危(danger)、巫(witch)、胡(reckless)、屠(slaughter)、莫(don't)，或者与贬字同音的吴（无nil）、裴（赔compensate）、贾（假false）、佘（蛇snake）这些，取名时，都要特别用心。以下这些都是试图扭转或改变贬义姓的例子：

危自安	贾上弘	杜鹃春	佘大涵
冷艳芳	巫秋萱	苟礼新	胡桂祯
吴虚白	裴畅怡	莫　迟	厉　维
仇解元	屠蕙华	屠　辛	刁　禹

洋名汉化

一般上，华人的名字，最多只有两个字。而英文名字的音节，

有的一个，象 May, Anne

有的两个，象 Ada, Eva

有的三个，象 Adela, Jonathan

有的四个，象 Bartholomew, Elizabeth

所以在将英文名字汉化的时候，一个音节的要变作两个汉字；三个，四个，五个音节的，也只能取其中的两个音节变作两个汉字，象 Lolita 可以变作"乐丽"或者"莉达"。

有许多近似的英文名字象 Muriel, Myra, Myrrha, 和 Myrtle 都可以共用那几个汉名，在几个汉名中选择一个自己喜欢的。

THE ORIGIN OF CHINESE SURNAMES

Surnames Are Different from Clan-names

Before the three dynasties of Xia, Shang and Zhou (2140–256 BC), the people in China were already having surnames 姓 (xing) and clan-names 氏 (shi). The 'surname' originated from the name of the village in which one lived or the family to which one belonged, while the clan-name derived from the name of the territory or the title – which might be posthumous – granted by the emperor for some achievement made by a noble. Hence, only the nobles had surnames as well as clan-names.

In any solemn ceremony or important celebration, the Chinese have their clan name written on lanterns which are held high in a prominent place like the main entrance of the house. As a clan name indicates the ancestral home, it is also carved on a man's tombstone to indicate sentiments of his return to the source where he originated.

For example, 西河林怀民 (Xihe Lin Huaimin) means that 林怀民 (Lin Huaimin) was from the 西河 (Xihe) clan of 潮阳 (Chaoyang) county, 广东 (Guangdong) province, China, and that his generation name was 怀 (Huai). Similarly, 鹏翔郑天庭 (Pengxiang Zheng Tianting) means that 郑天庭 (Zheng Tianting) came from the 鹏翔 (Pengxiang) clan of 永春 (Yongchun) county, 福建 (Fujian) province, and his generation name was 天 (Tian).

A man and a woman of the same clan-name could marry each other, but they could not if they are of the same surname. This is because the Chinese had discovered long time ago that inter-marriages of close relatives would be detrimental to future generations.

Integration of the Surname and Clan-name

During the Qin dynasty (221–206 BC) and the Han dynasty (206 BC –

AD 220) the feudal system disintegrated with the weakening of the power of the nobles. As a result, people began to take on clan-names, and some even adopted clan-names as their surnames. Since then, the surnames and clan-names were used in the same sense

That went on for eight hundred years until the rule of Emperor Tang Tai Zong (唐太宗 AD 627). Gao Shi Lian (高士廉), a government official, made a survey and found that there were among the people a total of 393 different surnames. He then wrote and published a book called *Annals of Surnames,* which became a reference for selecting qualified personnel for the post of government officials and for arranging marriages.

Surnames of a Hundred Families

The book, *Surnames of a Hundred Families* which was popular in China during the olden days, was written more than one thousand years ago during the Northern Song dynasty (AD 960). It recorded a total of 438 surnames, of which 408 were single-word surnames and 30 were double-word surnames.

Another book, *Huang Di 1000 Surnames* (黄帝千家姓) written by Chen Rende (陈仁德), says that the Chinese had been having surnames since the reign of the Three Emperors and Five Kings (三皇五帝 2550 BC) and that there are now as many as 9177 surnames. There are yet others who say that the Chinese had surnames even long before the period of the Three Emperors and Five Kings, that is, during the time of matriarchal society where recognition was given only to one's mother and not one's father. Hence, the Chinese character for surname 姓' is made up of two individual characters: 女 (meaning 'woman') and 生 (meaning 'to give birth'). That is to say, the surnames of the early Chinese followed the maternal line.

Major Surnames

In the West, different major surnames have been identified in different countries. The three most common surnames in the United Kingdom are Smythe, Jones and Williams; in America, Smith, Johnson and Carson; in France, Martin, Bernard and Du Pont; in Germany, Schultz, Mueller and Schmidt; and in Russia, Ivanor, Vassiliev and Peternov. What about the Chinese surnames? According to the latest statistics from China, Chinese with the surname Zhang (张) alone number more than 100 million, making it probably the most populous surname in the world.

Another set of more recent and reliable statistics compiled in 1977 by a historian, Li Dong Ming (李栋明) and published in the Eastern magazine (东方杂志), reveals that the number of Chinese with the first 10 major surnames make up 40% of the Chinese population. The following are the 10 major Chinese surnames in terms of numbers: Zhang (张), Wang (王), Li (李), Zhao (赵), Chen (陈), Yang (杨), Wu (吴), Liu (刘), Huang (黄), Zhou (周).

Below are the next 10 major surnames, and the Chinese with these surnames make up over 10% of the Chinese population. Xu (徐), Zhu (朱), Lin (林), Sun (孙), Ma (马), Gao (高), Hu (胡), Zheng (郑), Guo (郭), Xiao (萧).

The number of Chinese in the third category of 10 major surnames make up just about 10% of the population. These 10 surnames are: Xie (谢), He (何), Xu (许), Song (宋), Shen (沈), Luo (罗), Han (韩), Deng (邓), Liang (梁), Ye (叶).

The following 15 surnames form the fourth largest group of Chinese surnames: Fang (方), Cui (崔), Cheng (程), Pan (潘), Cao (曹), Feng (冯), Wang (汪), Cai (蔡), Yuan (袁), Lu (卢), Tang (唐). Qian (钱), Du (杜), Peng (彭), Lu (陆).

A total of 70% of the Chinese population are of the above 45 most common surnames. The surnames of the remaining 30% of the Chinese population are comparatively rare. Some of these surnames are: Zhai (翟), Gu (古), Gou (勾), Miao (苗), Gou (苟), Di (第), Liao (廖), Rui (芮), and Hai (海).

CHINESE SURNAMES IN HANYU PINYIN

Single-word Surnames

艾 Ài	程 Chéng	斐 Fěi	古 Gǔ	扈 Hù
安 Ān	池 Chí	费 Fèi	谷 Gǔ	花 Huā
敖 Áo	迟 Chí	封 Fēng	顾 Gù	华 Huà
白 Bái	仇 Chóu	丰 Fēng	官 Guān	黄 Huáng
班 Bān	储 Chǔ	风 Fēng	关 Guān	霍 Huò
包 Bāo	褚 Chǔ	酆 Fēng	管 Guǎn	姬 Jī
宝 Bǎo	楚 Chǔ	冯 Féng	归 Guī	嵇 Jī
保 Bǎo	淳 Chún	凤 Fèng	桂 Guì	稽 Jī
鲍 Bào	崔 Cuī	伏 Fú	郭 Guō	吉 Jí
贝 Bèi	戴 Dài	福 Fú	过 Guō	纪 Jǐ
毕 Bì	刀 Dāo	符 Fú	哈 Hā	季 Jì
边 Biān	邓 Dèng	傅 Fù	海 Hǎi	计 Jì
卞 Biàn	狄 Dí	盖 Gài	韩 Hán	贾 Jiǎ
柏 Bó	刁 Diāo	干 Gān	杭 Háng	翦 Jiǎn
卜 Bǔ	丁 Dīng	苟 Gǒu	郝 Hǎo	简 Jiǎn
蔡 Cài	董 Dǒng	辜 Gū	何 Hé	姜 Jiāng
曹 Cáo	窦 Dòu	甘 Gān	禾 Hé	江 Jiāng
岑 Cén	杜 Dù	高 Gāo	和 Hé	蒋 Jiǎng
柴 Chái	端 Duān	戈 Gē	贺 Hè	焦 Jiāo
昌 Chāng	段 Duàn	葛 Gě	赫 Hè	金 Jīn
常 Cháng	樊 Fán	耿 Gěng	衡 Héng	晋 Jìn
车 Chē	范 Fàn	龚 Gōng	洪 Hóng	靳 Jìn
陈 Chén	方 Fāng	宫 Gōng	侯 Hóu	荆 Jīng
成 Chéng	房 Fǎng	勾 Gōu	胡 Hú	居 Jū

具 Jù	刘 Liú	那 Nā	屈 Qū	宋 Sòng
康 Kāng	柳 Liǔ	能 Néng	瞿 Qú	苏 Sū
柯 Kē	隆 Lóng	倪 Ní	全 Quán	孙 Sūn
空 Kōng	龙 Lóng	粘 Nián	权 Quán	台 Tái
孔 Kǒng	楼 Lóu	年 Nián	冉 Rǎn	谈 Tán
匡 Kuāng	娄 Lóu	聂 Niè	饶 Ráo	谭 Tán
邝 Kuàng	卢 Lú	牛 Niú	任 Rén	汤 Tāng
况 Kuàng	鲁 Lǔ	钮 Niǔ	荣 Róng	唐 Táng
赖 Lài	陆 Lù	农 Nóng	容 Róng	陶 Táo
蓝 Lán	路 Lù	区 Ōu	阮 Ruǎn	滕 Téng
郎 Láng	吕 Lǚ	欧 Ōu	芮 Ruì	田 Tián
朗 Lǎng	伦 Lún	潘 Pān	瑞 Ruì	仝 Tóng
劳 Láo	罗 Luó	庞 Páng	萨 Sà	童 Tóng
乐 Lè	骆 Luò	裴 Péi	赛 Sài	同 Tóng
雷 Léi	洛 Luò	彭 Péng	沙 Shā	佟 Tóng
冷 Lěng	麻 Má	皮 Pí	单 Shàn	涂 Tú
黎 Lí	马 Mǎ	朴 Piáo	商 Shāng	屠 Tú
理 Lǐ	麦 Mài	平 Píng	邵 Shào	万 Wàn
李 Lǐ	满 Mǎn	蒲 Pú	佘 Shé	汪 Wāng
利 Lì	毛 Máo	溥 Pǔ	申 Shēn	王 Wáng
厉 Lì	茅 Máo	浦 Pǔ	神 Shén	危 Wēi
励 Lì	梅 Méi	戚 Qī	沈 Shěn	韦 Wéi
廉 Lián	孟 Mèng	齐 Qí	盛 Shèng	卫 Wèi
连 Lián	米 Mǐ	祁 Qí	施 Shī	蔚 Wèi
练 Liàn	苗 Miáo	钱 Qián	石 Shí	魏 Wèi
梁 Liáng	缪 Miào	强 Qiáng	时 Shí	温 Wēn
良 Liáng	闵 Mǐn	乔 Qiáo	史 Shǐ	文 Wén
廖 Liào	明 Míng	秦 Qín	寿 Shòu	闻 Wén
林 Lín	莫 Mò	丘 Qiū	舒 Shū	翁 Wēng
蔺 Lìn	牟 Móu	邱 Qiū	水 Shuǐ	巫 Wū
凌 Líng	穆 Mù	裘 Qiú	斯 Sī	邬 Wū

吴 Wú	熊 Xióng	叶 Yè	禹 Yǔ	招 Zhāo
武 Wǔ	徐 Xú	蚁 Yǐ	郁 Yù	赵 Zhào
伍 Wǔ	许 Xǔ	易 Yì	尉 Yù	甄 Zhēn
奚 Xī	宣 Xuān	殷 Yīn	喻 Yù	郑 Zhèng
席 Xí	薛 Xuē	银 Yín	元 Yuán	钟 Zhōng
习 Xí	荀 Xún	尹 Yǐn	袁 Yuán	周 Zhōu
夏 Xià	严 Yán	应 Yīng	岳 Yuè	朱 Zhū
鲜 Xiān	言 Yán	英 Yīng	云 Yún	诸 Zhū
冼 Xiǎn	阎 Yán	游 Yóu	藏 Zāng	竺 Zhú
项 Xiàng	颜 Yán	尤 Yóu	曾 Zēng	祝 Zhù
向 Xiàng	晏 Yàn	於 Yū	查 Zhā	庄 Zhuāng
萧 Xiāo	彦 Yàn	于 Yú	翟 Zhái	卓 Zhuō
谢 Xiè	燕 Yàn	余 Yú	詹 Zhān	宗 Zōng
解 Xiè	杨 Yáng	俞 Yú	湛 Zhàn	邹 Zōu
辛 Xīn	阳 Yáng	鱼 Yú	章 Zhāng	祖 Zǔ
幸 Xìng	姚 Yáo	虞 Yú	张 Zhāng	左 Zuǒ
邢 Xíng				

Double-word Surnames

东郭 Dōngguō		司徒 Sītú
公孙 Gōngsūn		澹台 Tántái
皇甫 Huángfǔ		西门 Xīmén
慕容 Mùróng		夏侯 Xiàhóu
欧阳 Ōuyáng		轩辕 Xuānyuán
单于 Shànyú		尉迟 Yùchí
上官 Shàngguān		乐正 Yuèzhèng
司空 Sīkōng		诸葛 Zhūgě
司马 Sīmǎ		左丘 Zuǒqiū

CHINESE
NAMES
IN
HANYU
PINYIN

阿	Ā	usually used with the second word of a name in familiar affection and informal address

Ex:	~佳	~玉	~明	~真	~祥	~霖	~龙
	Jiā	Yù	Míng	Zhēn	Xiáng	Lín	Lóng

蔼 F	Ǎi	friendly; amiable

Ex:	~仁	~容	~幼	~友	~颖	~逸	~燕
	Rén	Róng	Yòu	Yǒu	Yǐng	Yì	Yàn

爱 F	Ài	1. love; affection 2. like; be fond of 3. cherish; treasure 4. be apt to

Ex:	~全	~德	~乐	~莲	~美	~琳	~萍
	Quán	Dé	Lè	Lián	Měi	Lín	Píng

安 M	Ān	1. peaceful; quiet 2. calm; set at ease 3. rest content; be satisfied 4. safe; secure

Ex:	~文	~隆	~福	~豪	~斌	~发	~立
	Wén	Lóng	Fú	Háo	Bīn	Fā	Lì

昂 M	Áng	1. hold high 2. high-spirited

Ex:	~节	~伟	~轩	~达	~泰	~才	~然
	Jié	Wěi	Xuān	Dá	Tài	Cái	Rán
	子~	之~	仲~	运~	松~	笑~	耀~
	Zǐ	Zhī	Zhòng	Yùn	Sōng	Xiào	Yào

B

白	**Bái**	1. white; 2. pure; plain 3. clear

Ex: ~薇 ~璧 ~兰 ~玫 虚~ 大~ 孔~
　　Wéi　Bì　Lán　Méi　Xū　Dà　Kǒng

百	**Bǎi**	1. hundred 2. all kinds of

Ex: ~成 ~隆 ~立 ~旺 ~励 ~恕 ~均
　　Chéng　Lóng　Lì　Wàng　Lì　Shù　Jūn

柏 ₘ	**Bǎi**	cypress

Ex: ~松 ~青 ~如 ~山 伟~ 梦~ 南~
　　Sōng　Qīng　Rú　Shān　Wěi　Mèng　Nán

班 ₘ	**Bān**	class; team

Ex: ~世 ~楠 ~泽 ~榆 ~钧 ~逊 ~新
　　Shì　Nán　Zé　Yú　Jūn　Xùn　Xīn

邦 ₘ	**Bāng**	nation; state

Ex: 兴~ 耀~ 维~ 安~ 继~ ~定 ~正
　　Xīng　Yào　Wéi　Ān　Jì　Dìng　Zhèng

包	**Bāo**	1. wrap 2. bundle; package 3. assure; guarantee

Ex: ~贤 ~学 ~华 ~渊 ~仲 ~应 ~如
　　Xián　Xué　Huá　Yuān　Zhòng　Yìng　Rú

苞 ₍ꜰ₎	**Bāo**	bud

Ex: 幼~ 丽~ 其~ 尚~ ~蕾 ~蕊 ~丹
　　Yòu　Lì　Qí　Shàng　Lěi　Ruì　Dān

褒	**Bāo**	praise; honour						
	Ex:	～吉	～嘉	～英	～淳	～康	宗～	金～
		Jí	Jiā	Yīng	Chún	Kāng	Zōng	Jīn

宝	**Bǎo**	1. treasure 2. precious						
	Ex:	～树	～玉	～钗	～德	天～	荣～	汉～
		Shù	Yù	Chāi	Dé	Tiān	Róng	Hàn

保	**Bǎo**	1. protect; defend 2. keep; maintain 3. guarantee; ensure						
	Ex:	～国	～达	～成	～通	～梅	～浩	～元
		Guó	Dá	Chéng	Tōng	Méi	Hào	Yuán

葆	**Bǎo**	1. luxuriant growth 2. preserve; nurture						
	Ex:	～芳	～德	～良	～景	～羽	～骏	～金
		Fāng	Dé	Liáng	Jǐng	Yǔ	Jùn	Jīn

报 _M	**Bào**	1. report; announce 2. reply; respond 3. recompense; requite						
	Ex:	～国	～根	～祖	～智	～学	～捷	～仁
		Guó	Gēn	Zǔ	Zhì	Xué	Jié	Rén

北	**Běi**	north						
	Ex:	冠～	照～	昭～	～祺	～斗	～光	～生
		Guān	Zhào	Zhāo	Qí	Dǒu	Guāng	Shēng

贝	**Bèi**	shellfish						
	Ex:	～玉	～丽	珠～	苡～	端～	连～	兴～
		Yù	Lì	Zhū	Yǐ	Duān	Lián	Xīng

备	**Bèi**	1. be equipped 2. prepare; get ready 3. fully						
	Ex:	祖～	谷～	～根	～清	～元	～壮	～十
		Zǔ	Gǔ	Gēn	Qīng	Yuán	Zhuàng	Shí

倍 **Bèi**
1. times 2. double

Ex: ～成 ～颖 ～穗 ～坚 ～立 ～正 ～青
Chéng Yǐng Suì Jiān Lì Zhèng Qīng

本 M **Běn**
1. the root of a plant 2. foundation; basis
3. capital; principal 4. original

Ex: ～立 ～瑞 ～祚 ～彦 ～仁 ～端 ～渊
Lì Ruì Zuò Yàn Rén Duān Yuān

比 **Bǐ**
1. compare; contrast 2. compete; match 3. close together

Ex: ～玉 ～超 ～道 ～仁 ～直 ～诚 ～知
Yù Chāo Dào Rén Zhí Chéng Zhī

必 **Bì**
1. certainly; surely 2. must

Ex: ～珍 ～晖 ～威 ～翰 ～纯 ～顺 ～希
Zhēn Huī Wēi Hàn Chún Shùn Xī

碧 F **Bì**
green jade

Ex: ～莉 ～玉 ～丽 ～如 ～珍 ～波 怀～
Lì Yù Lì Rú Zhēn Bō Huái

璧 **Bì**
a round, flat piece of jade

Ex: 白～ 家～ 佳～ 如～ 开～ ～华 ～君
Bái Jiā Jiā Rú Kāi Huá Jūn

辨 **Biàn**
differentiate; distinguish; discriminate

Ex: 明～ 悦～ ～初 ～华 ～才 ～智 ～辉
Míng Yuè Chū Huá Cái Zhì Huī

标 M **Biāo**
1. mark; sign 2. prize; award

Ex: 文～ 得～ 锦～ 祖～ 振～ 先～ 尚～
Wén Dé Jǐn Zǔ Zhèn Xiān Shàng

彪 M **Biāo** young tiger

Ex:

洪~	伟~	文~	汉~	正~	宇~	~国
Hóng	Wěi	Wén	Hàn	Zhèng	Yǔ	Guó

镖 M **Biāo** a dartlike weapon

Ex:

刚~	宏~	达~	兴~	明~	庄~	克~
Gāng	Hóng	Dá	Xīng	Míng	Zhuāng	Kè

表 **Biǎo** 1. show; express 2. model; example

Ex:

~德	~信	~义	~华	~举	~川	~善
Dé	Xìn	Yì	Huá	Jǔ	Chuān	Shàn

宾 **Bīn** guest

Ex:

~石	~懋	~世	~庆	~仲	~圣	国~
Shí	Mào	Shì	Qìng	Zhòng	Shèng	Guó

彬 **Bīn** refined and courteous

Ex:

~恒	~如	~章	~容	为~	质~	乃~
Héng	Rú	Zhāng	Róng	Wéi	Zhì	Nǎi
惠~	悦~	振~	庆~	之~	文~	幸~
Huì	Yuè	Zhèn	Qìng	Zhī	Wén	Xìng

冰 F **Bīng** ice

Ex:

~洁	~慧	~心	~清	~茜	~黛	~英
Jié	Huì	Xīn	Qīng	Xī	Dài	Yīng

兵 M **Bīng** soldier

Ex:

小~	铁~	爱~	国~	汉~	炎~	民~
Xiǎo	Tiě	Ài	Guó	Hàn	Yán	Mín

秉 M **Bǐng** 1. grasp; hold 2. control

Ex:

~炎	~宗	~先	~公	~明	~彦	~和
Yán	Zōng	Xiān	Gōng	Míng	Yàn	Hé

炳 M **Bǐng** bright; splendid; remarkable

Ex:

～文	～思	～惠	～德	～流	～坡	～柱
Wén	Sī	Huì	Dé	Liú	Pō	Zhù

波 **Bō** wave

Ex:

秀～	清～	洪～	柳～	静～	净～	～涛
Xiù	Qīng	Hóng	Liǔ	Jìng	Jìng	Tāo

伯 M **Bó** the eldest of brothers

Ex:

元～	尧～	～齐	～夷	～华	～弘	～淳
Yuán	Yáo	Qí	Yí	Huá	Hóng	Chún

勃 M **Bó** thriving; vigorous; exuberant; full of enthusiasm

Ex:

～昌	～灿	～斐	～洋	～强	～盛	～升
Chāng	Càn	Fěi	Yáng	Qiáng	Shèng	Shēng

博 M **Bó** rich; plentiful

Ex:

～渊	～达	～烨	～霖	～泽	～典	俊～
Yuān	Dá	Yè	Lín	Zé	Diǎn	Jùn

步 **Bù** 1. step; pace 2. walk; go on foot

Ex:

～慎	～前	～勤	～青	～庄	～泰	～绥
Shèn	Qián	Qín	Qīng	Zhuāng	Tài	Suí

守～	弘～	浩～	珍～	长～	欣～
Shǒu	Hóng	Hào	Zhēn	Cháng	Xīn

C

才 Cái — 1. ability; talent 2. capable person
Ex:

文~	建~	多~	德~	华~	升~	贤~
Wén	Jiàn	Duō	Dé	Huá	Shēng	Xián

材 Cái — 1. timber; material 2. ability; talent
Ex:

国~	拯~	瑞~	希~	庆~	大~	栋~
Guó	Zhěng	Ruì	Xī	Qìng	Dà	Dòng

采 Cǎi — 1. pick; pluck; gather 2. complexion; spirit
Ex:

扬~	华~	绮~	仪~	艺~	~本	~发
Yáng	Huá	Qǐ	Yí	Yì	Běn	Fā

彩 F Cǎi — 1. colour 2. cheer 3. variety; splendid 4. prize
Ex:

~云	~虹	~薇	~凤	光~	喜~	华~
Yún	Hóng	Wēi	Fèng	Guāng	Xǐ	Huá

灿 Càn — magnificent; splendid; bright
Ex:

国~	伟~	显~	耀~	希~	辉~	~华
Guó	Wěi	Xiǎn	Yào	Xī	Huī	Huá

粲 Càn — bright; beaming; smile
Ex:

美~	舒~	~颜	~姿	~珠	~妍	~容
Měi	Shū	Yán	Zī	Zhū	Yàn	Róng

璨 Càn — bright; resplendent; dazzling
Ex:

玉~	真~	昆~	~琨	~杰	~德	~辉
Yù	Zhēn	Kūn	Kūn	Jié	Dé	Huī

沧 M **Cāng**	(of the sea) dark blue						
Ex:	之~	太~	澄~	洪~	~粟	~君	~宾
	Zhī	Tài	Chéng	Hóng	Sù	Jūn	Bīn

苍 M **Cāng**	dark green pines						
Ex:	~逸	~宇	~浒	~霈	~望	宏~	弘~
	Yì	Yǔ	Hǔ	Pèi	Wàng	Hóng	Hóng

操 M **Cāo**	1. grasp; hold 2. conduct; behaviour						
Ex:	德~	振~	智~	立~	~政	~运	~勇
	Dé	Zhèn	Zhì	Lì	Zhèng	Yùn	Yǒng

策 M **Cè**	plan; scheme						
Ex:	国~	肃~	民~	~高	~扬	~宣	~群
	Guó	Sù	Mín	Gāo	Yáng	Xuān	Qún

婵 F **Chán**	1. lovely (used in ancient writings to describe women) 2. the moon						
Ex:	爱~	美~	雅~	~望	~耀	~逸	~媛
	Ài	Měi	Yǎ	Wàng	Yào	Yì	Yuán

昌 M **Chāng**	prosperous; flourishing						
Ex:	丰~	运~	~家	~盛	~若	~顺	~圣
	Fēng	Yùn	Jiā	Shèng	Ruò	Shùn	Shèng

长 **Cháng**	1. long 2. strong point						
Ex:	~治	~惠	~彦	~荣	~源	允~	元~
	Zhì	Huì	Yàn	Róng	Yuán	Yǔn	Yuán

常 **Cháng**	1. constant 2. frequently						
Ex:	~青	~惠	~通	~润	~霖	~敬	~逸
	Qīng	Huì	Tōng	Rùn	Lín	Jìng	Yì

嫦 F **Cháng** the goddess of the moon

Ex: 玉～　华～　皓～　恒～　纯～　如～　翠～
Yù　　Huá　　Hào　　Héng　　Chún　　Rú　　Cuì

昶 M **Chǎng** long day

Ex: 永～　平～　明～　吉～　焕～　坦～　颐～
Yǒng　　Píng　　Míng　　Jí　　Huàn　　Tǎn　　Yí

畅 **Chàng** 1. smooth; fluent 2. free

Ex: ～源　～美　～达　～遂　务～　承～　慕～
Yuán　　Měi　　Dá　　Suí　　Wù　　Chéng　　Mù

超 M **Chāo** 1. exceed; surpass 2. ultra; super

Ex: 德～　智～　文～　蔚～　立～　达～　光～
Dé　　Zhì　　Wén　　Wèi　　Lì　　Dá　　Guāng

志～　～远　～纯　～峰　～锦　～群　～玄
Zhì　　Yuǎn　　Chún　　Fēng　　Jǐn　　Qún　　Xuán

朝 **Cháo** facing; towards

Ex: 肃～　云～　贯～　～瞻　～仁　～懋　～良
Sù　　Yún　　Guàn　　Zhān　　Rén　　Mào　　Liáng

潮 **Cháo** tide

Ex: 泓～　元～　哲～　绪～　欣～　熙～　颂～
Hóng　　Yuán　　Zhé　　Xù　　Xīn　　Xī　　Sòng

琛 **Chēn** treasure

Ex: 汉～　瑞～　佩～　明～　义～　～成　～玮
Hàn　　Ruì　　Pèi　　Míng　　Yì　　Chéng　　Wěi

辰 **Chén** celestial bodies; star

Ex: 维～　美～　良～　悦～　景～　～晖　～遂
Wéi　　Měi　　Liáng　　Yuè　　Jǐng　　Huī　　Suí

30

晨	**Chén**	morning

Ex:

亮~	旺~	绮~	锦~	~辉	~晖	~星
Liàng	Wàng	Qǐ	Jǐn	Huī	Huī	Xīng

成	**Chéng**	1. accomplish; succeed 2. achievement; result 3. fully developed 4. able; capable

Ex:

~德	~则	~远	~功	~真	亚~	达~
Dé	Zé	Yuǎn	Gōng	Zhēn	Yà	Dá

诚	**Chéng**	sincere; honest

Ex:

~恕	~谦	~禧	立~	淳~	以~	铭~
Shù	Qiān	Xǐ	Lì	Chún	Yǐ	Mín

承 ₘ	**Chéng**	continue

Ex:

~渊	~先	~祚	~明	~彦	~德	~志
Yuān	Xiān	Zuò	Míng	Yàn	Dé	Zhì

程 ₘ	**Chéng**	1. rule; order 2. journey

Ex:

伟~	观~	~广	~望	~坦	~庄	~康
Wěi	Guān	Guǎng	Wàng	Tǎn	Zhuāng	Kāng

骋 ₘ	**Chěng**	gallop; dash

Ex:

~愿	~怀	~涵	进~	壮~	游~	乐~
Yuàn	Huái	Hán	Jìn	Zhuàng	Yóu	Lè

驰 ₘ	**Chí**	1. gallop 2. speed

Ex:

~程	~原	~展	~意	~艺	朗~	光~
Chéng	Yuán	Zhǎn	Yì	Yì	Lǎng	Guāng

持 ₘ	**Chí**	1. hold; grasp 2. support; maintain 3. prudent; cautious; discreet

Ex:

~重	~恒	~成	~尚	~勤	~伦	~诚
Zhòng	Héng	Chéng	Shàng	Qín	Lún	Chéng

冲 **Chōng** 1. rush; dash 2. important place

Ex: ~登 ~腾 ~云 ~霄 ~锦 宇~ 玉~
Dēng Téng Yún Xiāo Jǐn Yǔ Yù

充 M **Chōng** 1. sufficient; full 2. substantial

Ex: ~实 ~栋 璧~ 裕~ 兴~ 益~ 陶~
Shí Dòng Bì Yù Xīng Yì Táo

崇 **Chóng** high; lofty; sublime

Ex: ~山 ~茂 ~裕 ~禧 ~度 ~莲 ~衡
Shān Mào Yù Xǐ Dù Lián Héng

初 **Chū** at the beginning

Ex: ~凤 ~人 ~原 ~庄 ~升 ~梅 ~夏
Fèng Rén Yuán Zhuāng Shēng Méi Xià

之~ 立~ 和~ 丰~ 恕~ 明~ 煦~
Zhī Lì Hé Fēng Shù Míng Xù

础 M **Chǔ** the stone base of a column

Ex: 固~ 华~ ~石 ~实 ~台 ~立 ~成
Gù Huá Shí Shí Tái Lì Chéng

楚 **Chǔ** clear; tidy; neat

Ex: ~君 ~人 ~媛 ~芳 ~良 ~菊 ~倩
Jūn Rén Yuán Fāng Liáng Jú Qiàn

川 **Chuān** river

Ex: 大~ 乾~ 合~ 锦~ 玉~ 百~ ~壑
Dà Qián Hé Jǐn Yù Bǎi Hè

传 M **Chuán** pass; pass on; hand down

Ex: ~烈 ~薪 ~璧 ~福 岳~ 慕~ 荣~
Liè Xīn Bì Fú Yuè Mù Róng

32

创 M **Chuàng**	create; start; achieve						
Ex:	～基	～先	～业	～英	～安	开～	启～
	Jī	Xiān	Yè	Yīng	Ān	Kāi	Qǐ

春 **Chūn**	1. spring 2. love 3. life						
Ex:	～权	～花	～雨	～桃	～华	茂～	遇～
	Quán	Huā	Yǔ	Táo	Huá	Mào	Yù

纯 **Chún**	1. pure; simple 2. skilful						
Ex:	～然	～明	～纯	～正	超～	慈～	青～
	Rán	Míng	Chún	Zhèng	Chāo	Cí	Qīng

淳 **Chún**	pure; honest						
Ex:	厚～	明～	季～	少～	～静	～骞	～甫
	Hòu	Míng	Jì	Shào	Jìng	Qiān	Fǔ

绰 **Chuò**	ample; spacious						
Ex:	～君	～生	～卿	～冠	～姿	介～	宝～
	Jūn	Shēng	Qīng	Guān	Zī	Jiè	Bǎo

慈 F **Cí**	kind; loving; tender-hearted						
Ex:	孝～	巧～	欣～	念～	素～	美～	容～
	Xiào	Qiǎo	Xīn	Niàn	Sù	Měi	Róng
	澍～	秋～	～和	～禧	～贤	～华	～旭
	Shù	Qiū	Hé	Xi	Xián	Huá	Xù

聪 **Cōng**	bright; intelligent						
Ex:	斯～	敏～	永～	玉～	～盛	～慧	～美
	Sī	Mǐn	Yǒng	Yù	Shèng	Huì	Měi

从 **Cóng**	1. follow; follower 2. join						
Ex:	～善	～兰	～俊	～健	～光	～康	～庄
	Shàn	Lán	Jùn	Jiàn	Guāng	Kāng	Zhuāng

琮 **Cóng**   a long, hollow piece of jade

Ex:

金~	元~	玉~	光~	~环	~琪	~翰
Jīn	Yuán	Yù	Guāng	Huán	Qí	Hàn

璀 _F **Cuǐ**   bright; resplendent

Ex:

玉~	瑶~	新~	美~	~琼	~璎	~芳
Yù	Yáo	Xīn	Měi	Qióng	Yīng	Fāng

粹 **Cuì**   pure; the best

Ex:

兆~	肇~	美~	国~	元~	~英	~芳
Zhào	Zhào	Měi	Guó	Yuán	Yīng	Fāng

翠 _F **Cuì**   emerald green

Ex:

~玉	~菡	~茵	~荷	~凤	~钿	~翠
Yù	Hàn	Yīn	Hé	Fèng	Diàn	Cuì
兰~	芳~	品~	怡~	苗~	禾~	良~
Lán	Fāng	Pǐn	Yí	Miáo	Hé	Liáng

达 _M **Dá**	1. extend; reach 2. understand thoroughly 3. eminent; distinguished						
Ex:	亨～	显～	全～	贤～	～祚	～良	～龙
	Hēng	Xiǎn	Quán	Xián	Zuò	Liáng	Lóng

大 **Dà**	1. big; large; heavy 2. greatly; fully 3. eldest						
Ex:	～齐	～龙	～平	～中	～飞	～涵	学～
	Qí	Lóng	Píng	Zhōng	Fēi	Hán	Xué

岱 **Dài**	another name for Taishan, a famous mountain in China						
Ex:	亨～	玉～	朗～	磐～	宝～	～王	～明
	Hēng	Yù	Lǎng	Pán	Bǎo	Wáng	Míng

玳 **Dài**	hawkskill turtle						
Ex:	～茜	～熙	～尧	～琚	～心	飞～	珮～
	Xī	Xī	Yáo	Jū	Xīn	Fēi	Pèi

黛 _F **Dài**	a black pigment						
Ex:	～玉	～婷	～娜	～燕	眉～	华～	美～
	Yù	Tíng	Nuó	Yàn	Méi	Huá	Měi

丹 **Dān**	red						
Ex:	～心	～颜	～亮	～章	恬～	景～	言～
	Xīn	Yán	Liàng	Zhāng	Tián	Jǐng	Yán

旦 **Dàn**	dawn; daybreak						
Ex:	～祐	～雅	～希	～韬	～辰	～明	～帆
	Yòu	Yǎ	Xī	Tāo	Chén	Míng	Fán

淡 **Dàn** thin; light
Ex: ～莹 ～如 ～蓉 ～志 ～思 ～名 ～辉
　　　Yíng Rú Róng Zhì Sī Míng Huī

导 **Dǎo** lead; guide
Ex: 慎～ 益～ 远～ 兴～ 元～ ～良 ～宁
　　　Shèn Yì Yuǎn Xīng Yuán Liáng Níng

道 **Dào** 1. road; way; method 2. principle; truth
Ex: ～真 ～冲 ～元 ～文 ～林 博～ 明～
　　　Zhēn Chōng Yuán Wén Lín Bó Míng

德 **Dé** 1. virtue; morals 2. heart; mind 3. kindness
Ex: ～祖 ～润 ～谋 ～操 ～琏 ～渊 ～绪
　　　Zǔ Rùn Móu Cāo Lián Yuān Xù

灯 **Dēng** lamp; light
Ex: 明～ 香～ 莲～ 春～ 金～ ～甫 ～志
　　　Míng Xiāng Lián Chūn Jīn Fǔ Zhì

登 **Dēng** 1. ascend; mount; scale (a height) 2. publish; record; enter 3. step on
Ex: 以～ 丰～ 高～ ～坦 ～品 ～贤 ～扬
　　　Yǐ Fēng Gāo Tǎn Pǐn Xián Yáng

迪 **Dí** enlighten; guide
Ex: 鸿～ 昭～ 能～ ～珂 ～晖 ～圭 ～宾
　　　Hóng Zhāo Néng Kē Huī Guī Bīn

笛 **Dí** bamboo flute
Ex: 玉～ 小～ 飞～ 怡～ 怀～ 念～ 妙～
　　　Yù Xiǎo Fēi Yí Huái Niàn Miào

弟 Dì younger brother

Ex:
宜~	绥~	佳~	君~	端~	宁~	显~
Yí	Suí	Jiā	Jūn	Duān	Níng	Xiǎn

棣 Dì younger brother

Ex:
棠~	箕~	怡~	宁~	庆~	~花	~兴
Táng	Jī	Yí	Níng	Qìng	Huā	Xīng

蒂 F Dì the base of a fruit

Ex:
茂~	吉~	兰~	蕙~	华~	~君	~英
Mào	Jí	Lán	Huì	Huá	Jūn	Yīng

典 Diǎn 1. standard; law 2. ceremony 3. model; type

Ex:
文~	儒~	念~	芳~	锦~	隆~	~炽
Wén	Rǔ	Niàn	Fāng	Jǐn	Lóng	Chì

蝶 Dié butterfly

Ex:
梦~	化~	飞~	~媛	~翩	~姿	~婷
Mèng	Huà	Fēi	Yuán	Piān	Zī	Tíng

丁 M Dīng 1. man 2. able-bodied

Ex:
沃~	雄~	道~	~英	~裕	~茂	~绥
Wò	Xióng	Dào	Yīng	Yù	Mào	Suí

定 Dìng 1. calm; stable 2. fix; decide 3. surely; definitely

Ex:
~一	~孝	~裘	武~	光~	继~	汝~
Yī	Xiào	Qiú	Wǔ	Guāng	Jì	Rǔ

克~	思~	顺~	元~	~中	~邦	~国
Kè	Sī	Shùn	Yuán	Zhōng	Bāng	Guó

东 M Dōng 1. east 2. host 3. master

Ex:
泽~	振~	华~	~风	~登	~山	~发
Zé	Zhèn	Huá	Fēng	Dēng	Shān	Fā

董	**Dǒng**	direct; supervise						
	Ex:	~谦	~雅	~义	~仪	~彦	~砚	家~
		Qiān	Yǎ	Yì	Yí	Yàn	Yàn	Jiā

洞	**Dòng**	1. hole; cavity 2. thoroughly; penetratingly						
	Ex:	之~	淳~	玉~	~然	~卿	~钦	~宾
		Zhī	Chún	Yù	Rán	Qīng	Qīn	Bīn

栋 M	**Dòng**	pillar						
	Ex:	国~	家~	柱~	砥~	田~	福~	刚~
		Guó	Jiā	Zhù	Dǐ	Tián	Fú	Gāng
		可~	之~	~汉	~民	~梁	~康	~天
		Kě	Zhī	Hàn	Mín	Liáng	Kāng	Tiān

独	**Dú**	only; single						
	Ex:	~树	~玉	~石	~松	~帜	~能	~恒
		Shù	Yù	Shí	Sōng	Zhì	Néng	Héng

笃 M	**Dǔ**	sincere; earnest						
	Ex:	~悦	~诚	~实	~达	明~	启~	喜~
		Yuè	Chéng	Shí	Dá	Míng	Qǐ	Xǐ

杜 M	**Dù**	stop; prevent						
	Ex:	~克	~畏	~疾	~骞	~恙	迟~	少~
		Kè	Wèi	Jí	Qiān	Yàng	Chí	Shào

度	**Dù**	1. limit; degree 2. tolerance; magnanimity						
	Ex:	守~	明~	容~	有~	世~	~夷	~余
		Shǒu	Míng	Róng	Yǒu	Shì	Yí	Yú

端	**Duān**	1. beginning 2. end; point 3. upright; proper						
	Ex:	~璋	~木	~贤	~民	~辉	颂~	发~
		Zhāng	Mù	Xián	Mín	Huī	Sòng	Fā

敦 M **Dūn**   honest; sincere

Ex: ～谦   ～和   ～纲   ～杰   尚～   崇～   敬～
        Qiān   Hé   Gāng   Jié   Shàng   Chóng   Jìng

多 **Duō**   much; more; many

Ex: ～伦   ～义   ～才   ～德   葆～   善～   强～
        Lún   Yì   Cái   Dé   Bǎo   Shàn   Qiáng

In China, official seals have been used for impressing personal names, ranks and titles of office since the 5th century B.C. Today seals are being used by Chinese individuals as a signature or a mark of possession on books, paintings, calligraphies and documents. Artists may even have several ornamental seals made for themselves.

Seal carving is an art and to many it has become a refined hobby. Here are shown the tools and materials: (a) ink bowl (b) red ink paste for making the imprint (c) wooden frame for holding the seal during carving (d) gravers and burins and (e) ivory ornamental seal with a knob in the form of a man.

娥 F É   pretty young woman

Ex:

月～	玉～	琼～	嫱～	美～	彩～	翠～
Yuè	Yù	Qióng	Qiáng	Měi	Cǎi	Cuì

庆～	黛～	春～	～媛	～环	～华	～曼
Qìng	Dài	Chūn	Yuán	Huán	Huá	Màn

恩 Ēn   kindness; favour; grace

Ex:

守～	国～	滋～	梓～	天～	康～	侃～
Shǒu	Guó	Zī	Zǐ	Tiān	Kāng	Kǎn

～源	～庆	～来	～友	～福	～泽
Yuán	Qìng	Lái	Yǒu	Fú	Zé

儿 Ér   1. child 2. male; son

Ex:

家～	佳～	贵～	端～	庆～	鲲～	鹏～
Jiā	Jiā	Guì	Duān	Qìng	Kūn	Péng

伟～	成～	瑞～	敏～	宛～	旺～	菊～
Wěi	Chéng	Ruì	Mǐn	Wǎn	Wàng	Jú

珥 Ěr   earring made of jade or pearl

Ex:

聪～	榕～	锦～	殷～	宗～	慈～	普～
Cōng	Róng	Jǐn	Yīn	Zōng	Cí	Pǔ

田～	福～	～常	～君	～均	～夫	～华
Tián	Fú	Cháng	Jūn	Jūn	Fū	Huá

F

发 _M **Fā**   1. emit 2. rise; expand 3. start; set out; begin
4. develop; grow; carry forward; sprout

Ex: 东～ 金～ 有～ 友～ 维～ ～祥 ～耀
Dōng Jīn Yǒu Yǒu Wéi Xiáng Yào

法 _M **Fǎ**   1. law 2. method; way 3. standard; model

Ex: ～初 ～智 ～通 ～宣 源～ 秀～ 威～
Chū Zhì Tōng Xuān Yuán Xiù Wēi

帆 _M **Fān**   sail

Ex: 一～ 捷～ 初～ 远～ 玄～ ～顺 ～畅
Yī Jié Chū Yuǎn Xuán Shùn Chàng

凡 **Fán**   ordinary

Ex: 超～ 卓～ 平～ 处～ 远～ ～宝 ～珍
Chāo Zhuó Píng Chǔ Yuǎn Bǎo Zhēn

繁 **Fán**   in great numbers; numerous

Ex: ～哉 ～仲 ～扬 异～ 炳～ 华～ 则～
Zāi Zhòng Yáng Yì Bǐng Huá Zé

范 **Fàn**   pattern; model; example

Ex: 宗～ 齐～ 静～ 宽～ 趣～ ～君 ～英
Zōng Qí Jìng Kuān Qù Jūn Yīng

梵 **Fàn**   Buddhist

Ex: ～渊 ～世 ～昭 ～衍 永～ 长～ 久～
Yuān Shì Zhāo Yǎn Yǒng Cháng Jiǔ

方 **Fāng** 1. square 2. upright; honest

Ex: 元～ 显～ 雍～ 顾～ 徽～ ～俨 ～刚
Yuán Xiǎn Yōng Gù Huī Yǎn Gāng

芳 **Fāng** 1. sweet-smelling; fragrant 2. good (name or reputation); virtuous

Ex: 俊～ 孝～ 春～ 正～ 元～ 逸～ ～惠
Jùn Xiào Chūn Zhèng Yuán Yì Huì

飞 **Fēi** 1. fly 2. swiftly

Ex: 大～ 鹏～ 陶～ 奋～ 季～ ～倩 ～颂
Dà Péng Táo Fèn Jì Qiàn Sòng

菲 **Fēi** 1. luxuriant 2. rich with fragrance

Ex: 叙～ 宪～ 玄～ ～茂 ～通 ～德 ～冲
Xù Xiàn Xuán Mào Tōng Dé Chōng

斐 **Fěi** striking; brilliant

Ex: ～然 ～思 ～宣 绪～ 综～ 炳～ 秉～
Rán Sī Xuān Xù Zōng Bǐng Bǐng

翡 F **Fěi** jadeite

Ex: ～钏 ～钗 ～环 ～璎 芳～ 彩～ 黛～
Chuàn Chāi Huán Yīng Fāng Cǎi Dài

芬 F **Fēn** sweet smell; fragrance

Ex: 毓～ 玉～ 永～ 景～ 静～ ～芝 ～英
Yù Yù Yǒng Jǐng Jìng Zhī Yīng

奋 M **Fèn** 1. exert oneself 2. raise; lift

Ex: 学～ 展～ ～华 ～康 ～发 ～扬 ～飞
Xué Zhǎn Huá Kāng Fā Yáng Fēi

42

丰	**Fēng**	1. abundant; plentiful 2. great 3. fine-looking; handsome						
	Ex:	～昌	～舜	～顺	～荪	可～	智～	惠～
		Chāng	Shùn	Shùn	Sūn	Kě	Zhì	Huì

风	**Fēng**	1. wind 2. scene; view 3. graceful bearing; elegant demeanour						
	Ex:	迈～	雄～	松～	良～	～徐	～梅	～适
		Mài	Xióng	Sōng	Liáng	Xú	Méi	Shì

枫	**Fēng**	maple						
	Ex:	～如	～红	～亮	秋～	金～	寒～	美～
		Rú	Hóng	Liàng	Qiū	Jīn	Hán	Měi

峰 M	**Fēng**	peak; summit						
	Ex:	青～	高～	超～	奇～	晓～	雪～	海～
		Qīng	Gāo	Chāo	Qí	Xiǎo	Xuě	Hǎi

锋 M	**Fēng**	the sharp point of a sword						
	Ex:	若～	文～	秀～	崇～	英～	怀～	剑～
		Ruò	Wén	Xiù	Chóng	Yīng	Huái	Jiàn

凤 F	**Fēng**	phoenix						
	Ex:	～翥	～羽	～仪	彩～	秀～	金～	翠～
		Zhù	Yǔ	Yí	Cǎi	Xiù	Jīn	Cuì

奉	**Fèng**	give or present with respect						
	Ex:	～训	～孝	～宗	～嗣	～倩	～先	～高
		Xùn	Xiào	Zōng	Sì	Qiàn	Xiān	Gāo

佛	**Fó**	Buddha						
	Ex:	～媛	～嫒	～莲	赞～	敬～	慕～	允～
		Yuán	Ài	Lián	Zàn	Jìng	Mù	Yǔn

夫 _M **Fú** husband; man

Ex:

~之	逸~	宜~	惠~	彦~	介~	伟~
Zhī	Yì	Yí	Huì	Yàn	Jiè	Wěi

芙 **Fú** lotus

Ex:

世~	美~	华~	笑~	~乐	~昌	~蓉
Shì	Měi	Huá	Xiào	Lè	Chāng	Róng

孚 **Fú** 1. inspire confidence 2. enjoy high prestige

Ex:

美~	仰~	厚~	~茂	~懋	~孟	~哲
Měi	Yǎng	Hòu	Mào	Mào	Mèng	Zhé

福 **Fú** good fortune; blessing; happiness

Ex:

文~	连~	至~	荣~	~生	~中	~相
Wén	Lián	Zhì	Róng	Shēng	Zhōng	Xiàng

甫 _M **Fǔ** just; only

Ex:

~仁	~成	~宜	~德	~孝	~新	~刚
Rén	Chéng	Yí	Dé	Xiào	Xīn	Gāng

阜 _M **Fù** 1. mound 2. abundant

Ex:

如~	彰~	延~	荏~	享~	厚~	仓~
Rú	Zhāng	Yán	Rěn	Xiǎng	Hòu	Cāng

富 **Fù** rich; wealthy; abundant

Ex:

学~	致~	文~	~球	~龄	~年	~书
Xué	Zhì	Wén	Qiú	Líng	Nián	Shū

~粟	~铭	~昌	~盛	~坤	~余	~禾
Sū	Míng	Chāng	Shèng	Kūn	Yú	Hé

G

甘	**Gān**	sweet; pleasant

Ex:

~霖	~怡	~同	~祥	葆~	齐~	春~
Lín	Yí	Tóng	Xiáng	Bǎo	Qí	Chūn

敢 M	**Gǎn**	bold; daring; courageous

Ex:

~仁	~名	~和	~本	慕~	欣~	果~
Rén	Míng	Hé	Běn	Mù	Xīn	Guǒ

刚 M	**Gāng**	firm; strong; indomitable; vigorous; energetic

Ex:

正~	守~	澄~	德~	克~	~健	~鸿
Zhèng	Shǒu	Chéng	Dé	Kè	Jiàn	Hóng

纲 M	**Gāng**	1. key link; guiding principle 2. outline; programme

Ex:

思~	群~	辉~	治~	~亮	~明	~通
Sī	Qún	Huī	Zhì	Liàng	Míng	Tōng

岗 M	**Gǎng**	hillock; mound

Ex:

高~	卫~	建~	尚~	颂~	~泽	~荫
Gāo	Wèi	Jiàn	Shàng	Sòng	Zé	Yīn

钢 M	**Gàng**	steel

Ex:

耀~	硕~	炼~	大~	~武	~梁	~栋
Yào	Shuò	Liàn	Dà	Wǔ	Liáng	Dòng

高	**Gāo**	tall; high

Ex:

~岗	~飞	~冠	~照	方~	亮~	德~
Gǎng	Fēi	Guān	Zhào	Fāng	Liàng	Dé

格 **Gé**　standard; pattern; style

Ex:

～致	～伦	～仁	～杰	～超	～洁	～贤
Zhì	Lún	Rén	Jié	Chāo	Jié	Xián
～贵	～琳	伟～	天～	太～	廉～	辛～
Guì	Lín	Wěi	Tiān	Tài	Lián	Xīn

根 **Gēn**　root; base

Ex:

～懋	～彰	～固	成～	立～	振～	可～
Mào	Zhāng	Gù	Chéng	Lì	Zhèn	Kě

庚 M **Gēng**　1. the seventh of the ten Heavenly Stems　2. age

Ex:

～武	～济	～奇	～良	阜～	希～	喜～
Wǔ	Jì	Qí	Liáng	Fù	Xī	Xǐ

耿 **Gěng**　1. bright　2. honest and just; upright

Ex:

～辉	～宓	～英	～绵	～训	～忠	适～
Huī	Mì	Yīng	Mián	Xùn	Zhōng	Shì

工 M **Gōng**　1. work; labour　2. be versed in; be good at

Ex:

力～	易～	伟～	宏～	～竣	～兴	～丰
Lì	Yì	Wěi	Hóng	Jùn	Xīng	Fēng

公 M **Gōng**　1. equitable; fair; just　2. male

Ex:

～超	～永	～允	～容	～慰	～为	～益
Chāo	Yǒng	Yǔn	Róng	Wèi	Wéi	Yì

功 **Gōng**　1. meritorious deed; exploit　2. achievement; result

Ex:

立～	幸～	端～	瑞～	隆～	～成	～勋
Lì	Xìng	Duān	Ruì	Lóng	Chéng	Xūn

恭 **Gōng**　respectful; reverent

Ex:

承～	敬～	逢～	～厚	～谦	～廉	～勉
Chéng	Jìng	Féng	Hòu	Qiān	Lián	Miǎn

谷 Gǔ 1. valley; gorge 2. cereal; grain

Ex:　虚~　怀~　守~　爱~　~容　~粟　~海
　　　Xū　Huái　Shǒu　Ài　Róng　Sù　Hǎi

鹄 Gǔ target

Ex:　宗~　誉~　咏~　豫~　阳~　~寅　~佐
　　　Zōng　Yù　Yǒng　Yù　Yáng　Yǎn　Zuǒ

鼓ᴍ Gǔ rouse; pluck up

Ex:　~友　~潮　~同　~涛　立~　重~　振~
　　　Yǒu　Cháo　Tóng　Tāo　Lì　Chóng　Zhèn

固ᴍ Gù 1. solid; firm 2. resolutely

Ex:　藏~　壑~　野~　育~　~宇　~佑　~本
　　　Cáng　Hè　Yě　Yù　Yǔ　Yòu　Běn

观 Guān 1. look at; watch; observe 2. sight; view
3. outlook; concept

Ex:　~烈　~岳　~松　~舒　祥~　煦~　绪~
　　　Liè　Yuè　Sōng　Shū　Xiáng　Xù　Xù

冠 Guān 1. hat 2. crown; corona 3. crest
　　Guàn 1. the best 2. champion

Ex:　~杰　~生　~群　~吾　~亚　~华　~照
　　　Jié　Shēng　Qún　Wú　Yà　Huá　Zhào

光 Guāng 1. light; brightness 2. honour; glory

Ex:　~正　~远　~大　~然　弘~　潜~　竞~
　　　Zhèng　Yuǎn　Dà　Rán　Hóng　Qiǎn　Jìng

广 Guǎng 1. wide; vast 2. expand; spread

Ex:　有~　远~　逸~　~辛　~彬　~恒　~琴
　　　Yǒu　Yuǎn　Yì　Xīn　Bīn　Héng　Qín

圭 **Guī** an elongated pointed tablet of jade

Ex: 锡～ 宝～ 玉～ 惜～ 喜～ ～瑶 ～侯
　　　 Xī　 Bǎo　 Yù　 Xī　 Xǐ　 Yáo　 Hóu

瑰F **Guī** 1. rare; marvellous 2. treasure; gem 3. surpassingly beautiful; magnificent

Ex: 丽～ 绍～ 绮～ ～霞 ～云 ～妍 ～娴
　　　 Lì　 Shào　 Qǐ　 Xiá　 Yún　 Yán　 Xián

贵 **Guì** 1. expensive 2. valuable; precious; noble

Ex: 贯～ 孔～ 熙～ 班～ ～云 ～如 ～豪
　　　 Guàn　 Kǒng　 Xī　 Bān　 Yún　 Rú　 Háo

桂 **Guì** laurel as an emblem of victory or distinction

Ex: ～芳 ～鸿 ～泽 ～宝 宗～ 希～ 姜～
　　　 Fāng　 Hóng　 Zé　 Bǎo　 Zōng　 Xī　 Jiāng

国 **Guó** country; state; nation

Ex: ～权 ～涛 ～瑛 ～藩 ～祥 ～霖 ～祺
　　　 Quán　 Tāo　 Yīng　 Fān　 Xiáng　 Lín　 Qí

果 **Guǒ** 1. fruit; result 2. resolute; determined

Ex: 立～ 慧～ 景～ 志～ ～宣 ～成 ～达
　　　 Lì　 Huì　 Jǐng　 Zhì　 Xuān　 Chéng　 Dá

　　　 ～盛 ～岳 ～宗 ～松 ～诚 ～夫 ～久
　　　 Shèng　 Yuè　 Zōng　 Sōng　 Chéng　 Fū　 Jiǔ

海	**Hǎi**	1. sea 2. extra large; of great capacity						
	Ex:	明~	祖~	盛~	裕~	浩~	~京	~鲲
		Míng	Zǔ	Shèng	Yù	Hào	Jīng	Kūn

涵	**Hán**	1. contain 2. ability to control oneself; self-restraint						
	Ex:	大~	至~	柔~	智~	辛~	~青	~碧
		Dà	Zhì	Róu	Zhì	Xīn	Qīng	Bì

汉ₘ	**Hàn**	1. Chinese 2. man; a big fellow						
	Ex:	振~	震~	~卿	~光	~生	~杰	~民
		Zhèn	Zhèn	Qīng	Guāng	Shēng	Jié	Mín

翰	**Hàn**	writing; painting; calligraphy						
	Ex:	东~	文~	硕~	侃~	凤~	~林	~才
		Dōng	Wén	Shuò	Kǎn	Fèng	Lín	Cái

瀚	**Hàn**	vast						
	Ex:	浩~	霖~	~波	~飞	~斌	~辉	~滨
		Hào	Lín	Bō	Fēi	Bīn	Huī	Bīn

豪ₘ	**Háo**	1. a person of extraordinary powers or endowments 2. bold and unconstrained 3. heroic spirit						
	Ex:	志~	家~	思~	万~	~中	~东	~国
		Zhì	Jiā	Sī	Wàn	Zhōng	Dōng	Guó

好	**Hǎo**	1. good; fine; nice 2. friendly; kind						
	Ex:	养~	慰~	颖~	苡~	昶~	~蓉	~宥
		Yǎng	Wèi	Yǐng	Yǐ	Xù	Róng	Yòu

浩 M	Hào	great; vast; grand						
Ex:		养~	培~	原~	顺~	~通	~同	~然
		Yǎng	Péi	Yuán	Shùn	Tōng	Tóng	Rán

皓 F	Hào	white; bright; luminous						
Ex:		~月	~雪	~洁	依~	蔓~	锦~	梦~
		Yuè	Xuě	Jié	Yī	Màn	Jǐn	Mèng

禾 M	Hé	standing grain						
Ex:		庄~	萱~	水~	~生	~茂	~涛	~立
		Zhuāng	Xuān	Shuǐ	Shēng	Mào	Tāo	Lì

河	Hé	river						
Ex:		冀~	恕~	毓~	澄~	~广	~洪	~朗
		Jì	Shù	Yù	Chéng	Guǎng	Hóng	Lǎng

和	Hé	1. kind; gentle; pleasant 2. harmony; peace						
Ex:		~应	~乐	~慈	徐~	子~	晴~	人~
		Yìng	Lè	Cí	Xú	Zǐ	Qíng	Rén
		宽~	广~	安~	~之	~朋	~君	~士
		Kuān	Guǎng	Ān	Zhī	Péng	Jūn	Shì

荷 F	Hé	lotus						
Ex:		碧~	玉~	黛~	月~	~婷	~媛	~君
		Bì	Yù	Dài	Yuè	Tíng	Yuán	Jūn

亨	Hēng	go smoothly; be prosperous						
Ex:		~一	~俦	~岱	~达	~全	~利	~展
		Yī	Chóu	Dài	Dá	Quán	Lì	Zhǎn

恒	Héng	1. permanent; lasting; constant 2. perseverance						
Ex:		彬~	祝~	广~	培~	~本	~怀	~睦
		Bīn	Zhù	Guǎng	Péi	Běn	Huái	Mù

衡 **Héng**
Ex: ~眉 ~璧 ~峰 ~帆 ~玉 锦~ 蔼~
Méi Bì Fēng Fān Yù Jǐn Ǎi

the graduated arm of a steelyard

弘 M **Hóng**
great; grand; magnificent
Ex: 复~ 铭~ 望~ ~海 ~彪 ~丰 ~范
Fù Míng Wàng Hǎi Biāo Fēng Fàn

红 **Hóng**
1. red 2. symbol of success 3. revolutionary
Ex: ~舫 ~炽 ~榕 ~陶 ~焕 馨~ 大~
Fǎng Chì Róng Táo Huàn Xīn Dà

宏 M **Hóng**
great; grand; magnificent
Ex: ~量 ~亮 ~轩 ~声 ~镜 正~ 士~
Liàng Liàng Xuān Shēng Jìng Zhèng Shì

泓 M **Hóng**
(of water) deep
Ex: ~渊 ~塘 ~谷 ~稼 ~湄 ~涛 ~川
Yuān Táng Gǔ Jià Méi Tāo Chuān

洪 M **Hóng**
1. big; vast 2. flood
Ex: ~波 ~流 ~濡 ~浈 ~澜 ~深 ~泉
Bō Liú Rú Zhēn Lán Shēn Quán

~原 海~ ~中 俊~ 盛~ 一~ 上~
Yuán Hǎi Zhōng Jùn Shèng Yī Shàng

虹 **Hóng**
rainbow
Ex: 彩~ 影~ 映~ 冷~ 春~ 天~ 景~
Cǎi Yǐng Yìng Lěng Chūn Tiān Jǐng

鸿 M **Hóng**
1. swan; goose 2. great; grand
Ex: ~翔 ~祥 ~训 ~盛 庆~ 远~ 彦~
Xiáng Xiáng Xùn Shèng Qìng Yuǎn Yàn

侯 M **Hóu**	marquis; nobleman						
Ex:	孟~	细~	伯~	典~	云~	致~	平~
	Mèng	Xì	Bó	Diǎn	Yún	Zhì	Píng

厚 M **Hòu**	1. kind 2. large; generous 3. favour						
Ex:	德~	坤~	敦~	谦~	~志	~学	~竹
	Dé	Kūn	Dūn	Qiān	Zhì	Xué	Zhú

湖 **Hú**	lake						
Ex:	~蔚	~湄	~园	~兰	~泉	怡~	庆~
	Wèi	Méi	Yuán	Lán	Quán	Yí	Qìng

虎 M **Hǔ**	tiger						
Ex:	玉~	秋~	铜~	骏~	诗~	卧~	藏~
	Yù	Qiū	Tóng	Jùn	Shī	Wò	Cáng

琥 **Hǔ**	amber						
Ex:	玉~	俊~	瑗~	稽~	祐~	~珀	~环
	Yù	Jùn	Yuàn	Jī	Yòu	Pò	Huán

花 F **Huā**	1. flower 2. blossom; bloom						
Ex:	飞~	琅~	芳~	明~	~梦	~雨	~蹊
	Fēi	Láng	Fāng	Míng	Mèng	Yǔ	Xī

华 **Huá**	1. magnificent; splendid; gorgeous 2. prosperous; flourishing; luxurious 3. best part; cream 4. China						
Ex:	玉~	星~	香~	诗~	~亭	~砚	~卉
	Yù	Xīng	Xiāng	Shī	Tíng	Yàn	Huì

怀 **Huái**	1. bosom 2. mind; think of						
Ex:	虚~	健~	谦~	宽~	~笃	~梧	~谷
	Xū	Jiàn	Qiān	Kuān	Dǔ	Wú	Gǔ

槐	**Huái**	Chinese scholartree						
	Ex:	云~	玉~	雅~	静~	雪~	湘~	佳~
		Yún	Yù	Yǎ	Jìng	Xuě	Xiāng	Jiā

欢	**Huān**	joyous; merry; jubilant						
	Ex:	怜~	念~	复~	韶~	~萱	~祥	~渝
		Lián	Niàn	Fù	Sháo	Xuān	Xiáng	Yú

环 F	**Huán**	1. sing 2. link; surround						
	Ex:	玉~	素~	绣~	璇~	瑞~	~翠	~婵
		Yù	Sù	Xiù	Xuán	Ruì	Cuì	Chán

焕 M	**Huàn**	shining; glowing						
	Ex:	~章	~奎	~淞	~淇	钦~	悦~	世~
		Zhāng	Kuí	Sōng	Qí	Qīn	Yuè	Shì
		~行	~洁	~光	廉~	理~	新~	容~
		Xíng	Jié	Guāng	Lián	Lǐ	Xīn	Róng

凰 F	**Huáng**	phoenix						
	Ex:	运~	史~	茜~	璟~	绮~	缨~	凤~
		Yùn	Shǐ	Xī	Jǐng	Qǐ	Yīng	Fèng

煌 M	**Huáng**	bright; brilliant						
	Ex:	耀~	炽~	炫~	~烈	~华	~炳	~辉
		Yào	Chì	Xuàn	Liè	Huá	Bǐng	Huī

晖	**Huī**	sunshine; sunlight						
	Ex:	乃~	日~	春~	远~	元~	颖~	奉~
		Nǎi	Rì	Chūn	Yuǎn	Yuán	Yǐng	Fèng

辉	**Huī**	brightness; splendour; shine						
	Ex:	光~	星~	潜~	明~	允~	宣~	耀~
		Guāng	Xīng	Qián	Míng	Yǔn	Xuān	Yào

卉 F	Huì	various kinds of grass						
	Ex:	美~	香~	粉~	玉~	婷~	~芳	~锦
		Měi	Xiāng	Fěn	Yù	Tíng	Fāng	Jǐn

慧 F	Huì	1. intelligent; bright 2. wisdom						
	Ex:	~培	~娟	~娥	~心	秀~	巧~	乃~
		Péi	Juān	é	Xīn	Xiù	Qiǎo	Nǎi

蕙 F	Huì	a species of orchid						
	Ex:	沅~	宠~	庄~	静~	纫~	~倩	~玉
		Yuán	Chǒng	Zhuāng	Jìng	Rèn	Qiàn	Yù

惠	Huì	favour; kindness; benefit						
	Ex:	~恕	~彦	~明	~霖	~贤	~祯	~君
		Shù	Yàn	Míng	Lín	Xián	Zhēn	Jūn
		锡~	望~	天~	~彬	~民	~新	~施
		Xī	Wàng	Tiān	Bīn	Mín	Xīn	Shī

J

基 ｍ **Jī**   base; foundation; key

Ex: 绍~   鸿~   振~   瑞~   国~   祖~   ~成
        Shào   Hóng   Zhèn   Ruì   Guó   Zǔ   Chéng

绩 ｍ **Jī**   achievement; accomplishment; merit

Ex: 俊~   廉~   向~   迺~   士~   万~   悦~
        Jùn   Lián   Xiàng Nǎi   Shì   Wàn   Yuè

吉 **Jí**   lucky; propitious; auspicious

Ex: ~甫   ~豪   ~勋   ~熙   咏~   逢~   万~
        Fǔ   Háo   Xūn   Xī   Yǒng   Féng   Wàn

纪 **Jì**   1. discipline 2. put down in writing; record
           3. age; epoch

Ex: ~桐   ~旋   ~旺   ~佳   ~真   ~晖   ~盛
        Tóng   Xuán   Wàng   Jiā   Zhēn   Huī   Shèng

季 **Jì**   1. season 2. the fourth or youngest among
           brothers

Ex: ~将   ~顺   ~常   ~道   ~仁   ~澍   ~岳
        Jiāng Shùn   Cháng Dào   Rén   Shù   Yuè

继 ｍ **Jì**   continue; succeed; follow

Ex: ~尧   ~唐   ~棠   ~槐   ~奎   ~涛   祖~
        Yáo   Táng   Táng   Huái   Kuí   Tāo   Zǔ

济 **Jì**   1. aid; relieve; help 2. be of help; benefit

Ex: ~世   ~宇   ~凡   ~众   ~美   ~任   ~威
        Shì   Yǔ   Fán   Zhòng Měi   Rèn   Wēi

霁 Jì　cease raining or snowing

Ex: ～雪　～朗　～和　～泰　～霖　～喜　～晖
　　Xuě　Lǎng　Hé　Tài　Lín　Xǐ　Huī

冀 Jì　hope; long for; look forward to

Ex: ～慈　～聪　～德　～善　～庆　～哲　～茂
　　Cí　Cōng　Dé　Shàn　Qìng　Zhé　Mào

加 Jiā　add, increase; put in

Ex: ～恩　～德　～乐　～力　～达　～勇　～瑛
　　Ēn　Dé　Lè　Lì　Dá　Yǒng　Yīng

　　～桂　～惠　～威　～昌　～铭　～文　～立
　　Guì　Huì　Wēi　Chāng　Míng　Wén　Lì

佳 Jiā　good; fine; beautiful

Ex: 人～　思～　希～　～凤　～骝　～玉　～骅
　　Rén　Sī　Xī　Fèng　Liú　Yù　Huá

家 Jiā　family; household

Ex: ～骏　～宪　～勋　～训　～俊　～驹　～鸿
　　Jùn　Xiàn　Xūn　Xùn　Jùn　Jū　Hóng

嘉 Jiā　1. good; fine　2. praise; commend

Ex: ～慧　～声　～盛　～成　～玉　瑞～　崇～
　　Huì　Shēng　Shèng　Chéng　Yù　Ruì　Chóng

甲 Jiǎ　first

Ex: ～果　～中　～东　～申　魁～　常～　永～
　　Guǒ　Zhōng　Dōng　Shēn　Kuí　Cháng　Yǒng

稼 Jià　1. sow grain　2. cereals; crops

Ex: 学～　澍～　和～　宜～　立～　仁～　悦～
　　Xué　Shù　Hé　Yí　Lì　Rén　Yuè

56

坚 M **Jiān**   hard; solid; firm; strong

Ex:

志~	毅~	守~	节~	~翼	~隆	~立
Zhì	Yì	Shǒu	Jié	Yì	Lóng	Lì

建 **Jiàn**   build; construct; establish; propose

Ex:

~君	~稷	~丕	~粲	~发	永~	子~
Jūn	Jì	Pī	Càn	Fā	Yǒng	Zǐ

剑 **Jiàn**   sword

Ex:

~雄	~辉	~云	~飞	明~	任~	惕~
Xióng	Huī	Yún	Fēi	Míng	Rèn	Tì

健 **Jiàn**   healthy; strong; strengthen

Ex:

~雄	~图	~能	~麟	定~	增~	子~
Xióng	Tú	Néng	Líng	Dìng	Zēng	Zǐ

娇 F **Jiāo**   tender; lovely; charming

Ex:

玉~	凤~	明~	梅~	月~	~娜	~婉
Yù	Fèng	Míng	Méi	Yuè	Nà	Wǎn

教 **Jiào**   teach; instruct

Ex:

文~	念~	怀~	演~	从~	仰~	慕~
Wén	Niàn	Huái	Yǎn	Cóng	Yǎng	Mù

杰 **Jié**   outstanding; remarkable; prominent

Ex:

伦~	兆~	怡~	淘~	~汉	~民	~龙
Lún	Zhào	Yí	Xún	Hàn	Mín	Lóng
~豪	~绍	~璎	~业	~廉	~铨	~然
Háo	Shào	Yīng	Yè	Lián	Quán	Rán

捷 M **Jié**   1. victory; triumph; 2. prompt; quick

Ex:

~成	~易	~庆	士~	志~	悦~	念~
Chéng	Yì	Qìng	Shì	Zhì	Yuè	Niàn

竭 Jié 1. with all one's heart 2. do one's utmost
Ex: ～赴 ～幸 ～成 ～举 ～升 ～蕃 ～箕
     Fù Xìng Chéng Jǔ Shēng Fān Jī

介 M Jiè upright; honest and frank
Ex: ～夫 ～绩 ～正 ～哲 ～志 ～栋 ～道
     Fū Jī Zhèng Zhé Zhì Dòng Dào

金 Jīn gold; money; metals
Ex: ～秋 ～霞 ～望 ～裕 ～裘 绍～ 光～
     Qiū Xiá Wàng Yù Qiú Shào Guāng

津 Jīn 1. ferry crossing; ford 2. moist; damp
Ex: ～维 ～道 ～涛 ～善 ～献 ～慕 ～生
     Wéi Dào Tāo Shàn Xiàn Mù Shēng

锦 Jǐn 1. bright and beautiful 2. brocade
Ex: ～成 ～秀 ～泉 ～惠 ～璧 ～常 ～霞
     Chéng Xiù Quán Huì Bì Cháng Xiá

       ～辉 ～雄 佩～ 隆～ 赛～ 丽～ 润～
     Huī Xióng Pèi Lóng Sài Lì Rùn

进 M Jìn advance; move forward; progress; bring in
Ex: ～昂 ～绥 ～宪 ～兴 ～宏 ～慕 ～才
     Áng Suí Xiàn Xīng Hóng Mù Cái

劲 M Jìn strength; energy; spirit; vigour
Ex: ～飞 ～效 ～松 ～鹏 ～锋 ～波 ～发
     Fēi Xiào Sōng Péng Fēng Bō Fā

京 Jīng the capital of a country
Ex: ～生 ～贵 ～笙 ～瑞 韶～ 谨～ 庆～
     Shēng Guì Shēng Ruì Sháo Jǐn Qìng

58

旌 _M **Jīng**   harness and flags

Ex: 开~   冠~   强~   献~   ~广   ~启   ~凯

Kāi   Guān   Qiáng   Xiàn   Guǎng   Qǐ   Kǎi

菁 _F **Jīng**   lush; luxuriant; essence; cream

Ex: 美~   维~   愉~   季~   柳~   眉~   ~增

Měi   Wéi   Yú   Jì   Liǔ   Méi   Zēng

晶 **Jīng**   1. brilliant; shining 2. crystal

Ex: 爱~   钟~   超~   若~   仁~   ~纯   ~洁

Ài   Zhōng   Chāo   Ruò   Rén   Chún   Jié

精 **Jīng**   1. refined; choice; perfect; smart; sharp 2. energy

Ex: ~卫   ~楚   ~诚   ~纯   ~谦   ~玉   ~梓

Wèi   Chǔ   Chéng   Chún   Qiān   Yù   Zǐ

景 **Jǐng**   1. view; scenery; scene 2. situation; condition
3. admire; respect

Ex: ~文   ~蓁   ~东   ~葆   ~芬   ~芝   ~达

Wén   Zhēn   Dōng   Bǎo   Fēng   Zhī   Dá

净 **Jìng**   1. clean 2. completely

Ex: ~砚   ~虹   ~慧   ~悟   ~觉   皆~   雅~

Yàn   Hóng   Huì   Wù   Jué   Jiē   Yǎ

竞 **Jìng**   compete; contest

Ex: ~雄   ~达   ~建   ~凡   ~和   ~武   ~弘

Xióng   Dá   Jiàn   Fán   Hé   Wǔ   Hóng

竟 **Jìng**   finish; complete

Ex: ~成   ~升   ~果   ~学   ~榜   ~文   ~航

Chéng   Shēng   Guǒ   Xué   Bǎng   Wén   Háng

敬	Jìng	respect; offer politely						
	Ex:	~玉	~怀	~恭	~熙	康~	保~	贤~
		Yù	Huái	Gōng	Xī	Kāng	Bǎo	Xián

靖	Jìng	peace; tranquillity						
	Ex:	~纯	~绵	~蔓	~祺	~忠	~绥	~观
		Chún	Mián	Màn	Qí	Zhōng	Suí	Guān

静	Jìng	still; quiet; calm						
	Ex:	克~	笃~	~玑	~愚	~洁	~娴	~仪
		Kè	Dǔ	Jī	Yú	Jié	Xián	Yí
		温~	素~	文~	宏~	仁~	则~	容~
		Wēn	Sù	Wén	Hóng	Rén	Zé	Róng

炯	Jiǒng	bright; shining						
	Ex:	~明	~泰	~图	~茂	~余	~贵	~观
		Míng	Tài	Tú	Mào	Yú	Guì	Guān

久	Jiǔ	for a long time						
	Ex:	~玉	~名	~邦	~辉	~华	长~	广~
		Yù	Míng	Bāng	Huī	Huá	Cháng	Guǎng

菊 F	Jú	chrysanthemum						
	Ex:	秋~	美~	瘦~	寒~	~霞	~香	~芳
		Qiū	Měi	Shòu	Hán	Xiá	Xiāng	Fāng

举 M	Jǔ	lift; raise; hold up; start						
	Ex:	文~	山~	常~	恒~	慕~	~波	~亨
		Wén	Shān	Cháng	Héng	Mù	Bō	Hēng

巨 M	Jù	huge; gigantic						
	Ex:	~高	~达	~源	~秀	~先	~君	~伯
		Gāo	Dá	Yuán	Xiù	Xiān	Jūn	Bó

聚 **Jù**　assemble; get together

Ex:　~波　~哲　~殷　~昌　~云　~华　~庄
　　　Bō　Zhé　Yīn　Chāng　Yún　Huá　Zhuāng

娟 F **Juān**　beautiful; graceful

Ex:　美~　秀~　素~　巧~　~心　~仪　~好
　　　Měi　Xiù　Sù　Qiǎo　Xīn　Yí　Hǎo

雋 **Juàn**　meaningful

Ex:　~远　~海　~棠　~蓁　~飞　~辉　~元
　　　Yuǎn　Hǎi　Táng　Zhēn　Fēi　Huī　Yuán

珏 F **Jué**　two pieces of jade put together

Ex:　家~　玉~　佩~　怀~　琏~　~玲　~琳
　　　Jiā　Yù　Pèi　Huái　Lián　Líng　Lín

军 M **Jūn**　armed forces; army; troops

Ex:　右~　浩~　蔼~　逢~　烨~　协~　豪~
　　　Yòu　Hào　Ǎi　Féng　Yè　Xié　Háo

君 **Jūn**　1. monarch; supreme ruler 2. gentleman; a man
of noble character

Ex:　璧~　建~　锦~　文~　向~　~佑　~祐
　　　Bì　Jiàn　Jǐn　Wén　Xiàng　Yòu　Yòu

俊 M **Jùn**　1. handsome; pretty 2. a person of outstanding
talent; hero

Ex:　人~　川~　文~　守~　~心　~夫　~卿
　　　Rén　Chuān　Wén　Shǒu　Xīn　Fū　Qīng

骏 M **Jùn**　fine horse; steed

Ex:　家~　捷~　美~　良~　福~　冠~　驰~
　　　Jiā　Jié　Měi　Liáng　Fú　Guān　Chí

K

开	**Kāi**	open; start; operate						
	Ex:	~瑞	~洋	~逸	~荣	~玫	宇~	启~
		Ruì	Yáng	Yì	Róng	Méi	Yǔ	Qǐ

凯ₘ	**Kǎi**	1. triumphant strains 2. victorious						
	Ex:	奏~	燕~	传~	壮~	笃~	~还	~歌
		Zòu	Yàn	Chuán	Zhuàng	Dǔ	Huán	Gē

楷ₘ	**Kǎi**	model; pattern						
	Ex:	文~	仕~	梧~	吉~	振~	~砚	~堦
		Wén	Shì	Wú	Jí	Zhèn	Yàn	Jiē

康ₘ	**Kāng**	well-being; health						
	Ex:	继~	亨~	永~	贵~	庆~	~泰	~庄
		Jì	Hēng	Yǒng	Guì	Qìng	Tài	Zhuāng

慷	**Kāng**	1. vehement; fervent 2. generous; liberal						
	Ex:	继~	亚~	宏~	和~	同~	亦~	欣~
		Jì	Yà	Hóng	Hé	Tóng	Yì	Xīn

珂	**Kē**	a jade-like stone						
	Ex:	玉~	晏~	献~	期~	恕~	~楚	~轩
		Yù	Yàn	Xiàn	Qī	Shù	Chǔ	Xuān

科	**Kē**	a branch of academic study						
	Ex:	甄~	青~	唐~	律~	~秦	~实	~东
		Zhēn	Qīng	Táng	Lǜ	Qín	Shí	Dōng

可 **Kě**   1. approve 2. can; may

Ex: ~润 ~婵 ~纲 与~ 适~ 全~ 力~
Rùn Chán Gāng Yù Shì Quán Lì

克 **Kè**   1. can; be able to; 2. overcome; restrain

Ex: ~定 ~静 ~明 ~鼎 ~能 ~图 ~非
Dìng Jìng Míng Dǐng Néng Tú Fēi

肯 **Kěn**   1. agree; consent 2. affirm; approve

Ex: ~哲 ~正 ~展 ~甯 良~ 琅~ 日~
Zhé Zhèng Zhǎn Níng Liáng Láng Rì

恳 **Kěn**   earnestly; sincerely

Ex: ~敬 ~志 ~德 ~民 ~典 念~ 怀~
Jìng Zhì Dé Mín Diǎn Niàn Huái

空 **Kōng**   1. nothing; in vain; 2. sky; air

Ex: 皆~ 净~ 明~ 谷~ 壑~ ~林 ~山
Jiē Jìng Míng Gǔ Hè Lín Shān

宽 M **Kuān**   1. wide; broad; 2. relax; relieve; free from worry; happy 3. generous; lenient 4. comfortably off; well-off

Ex: 德~ 守~ 安~ 尚~ ~吾 ~民 ~仁
Dé Shǒu Ān Shàng Wú Mín Rén

葵 **Kuí**   sunflower

Ex: ~花 ~中 ~日 ~汉 若~ 向~ 永~
Huā Zhōng Rì Hàn Ruò Xiàng Yǒng

魁 M **Kuí**   1. chief; head 2. of stalwart build; big and tall

Ex: ~龄 ~年 ~庚 ~梧 宗~ 继~ 伟~
Líng Nián Gēng Wú Zōng Jì Wěi

坤 **Kūn**　female

Ex: 汉～　乐～　耀～　悦～　端～　玉～　妙～
　　　Hàn　　Lè　　Yào　　Yuè　　Duān　　Yù　　Miào

昆 ₘ **Kūn**　elder brother

Ex: 日～　谦～　宜～　泽～　深～　宝～　彦～
　　　Rì　　Qiān　　Yí　　Zé　　Shēn　　Bǎo　　Yàn

People are inclined to create impressions of a person's appearance, stature and even social standing from the visual form of his Chinese name.

64

来	Lái	1. come; arrive 2. future; next						
	Ex:	恩~	泰~	~喜	~福	~安	~荣	~圣
		Ēn	Tài	Xǐ	Fú	Ān	Róng	Shèng

兰 F	Lán	orchid						
	Ex:	香~	若~	幽~	湘~	~姿	~馥	~谷
		Xiāng	Ruò	Yōu	Xiāng	Zī	Fù	Gǔ

岚 M	Lán	haze; vapour; mist						
	Ex:	高~	元~	远~	巨~	壮~	~云	~风
		Gāo	Yuán	Yuǎn	Jù	Zhuàng	Yún	Fēng

蓝	Lán	blue						
	Ex:	~天	~峦	~川	~苍	永~	嵩~	蔚~
		Tiān	Luán	Chuān	Cāng	Yǒng	Sōng	Wèi

览	Lǎn	look at; see; view						
	Ex:	高~	观~	远~	瞻~	眺~	~望	~怀
		Gāo	Guān	Yuǎn	Zhān	Tiào	Wàng	Huái

朗	Lǎng	light; bright						
	Ex:	开~	晴~	豁~	怀~	~莞	~明	~云
		Kāi	Qíng	Huò	Huái	Wǎn	Míng	Yún

劳 M	Láo	1. work; labour 2. meritorious deed; service 3. express one's appreciation; reward.						
	Ex:	弘~	荣~	安~	丰~	志~	建~	启~
		Hóng	Róng	Ān	Fēng	Zhì	Jiàn	Qǐ

乐 Lè   happy; cheerful; joyful

Ex:

~思	~仁	~游	~骋	百~	永~	咏~
Sī	Rén	Yóu	Chěng	Bǎi	Yǒng	Yǒng

雷 M Léi   thunder

Ex:

春~	灵~	威~	耀~	东~	初~	通~
Chūn	Líng	Wēi	Yào	Dōng	Chū	Tōng

磊 M Lěi   open and upright

Ex:

~明	~清	方~	忠~	洪~	永~	长~
Míng	Qīng	Fāng	Zhōng	Hóng	Yǒng	Cháng

蕾 F Lěi   flower bud

Ex:

初~	绛~	宁~	茂~	安~	曼~	冀~
Chū	Jiàng	Níng	Mào	Ān	Màn	Jì

梨 F Lí   pear

Ex:

~雨	~川	~华	~英	~盛	~园	~蔚
Yǔ	Chuāng	Huá	Yīng	Shèng	Yuán	Wèi

黎 Lí   1. the common people; the multitude 2. dawn; daybreak

Ex:

~晖	~雪	~明	~常	~英	~华	~云
Huī	Xuě	Míng	Cháng	Yīng	Huá	Yún

礼 Lǐ   courtesy; manners

Ex:

文~	世~	玄~	才~	度~	嗣~	绪~
Wén	Shì	Xuán	Cái	Dù	Sì	Xù

理 Lǐ   reason; logic; truth

Ex:

文~	智~	~谌	~显	~裴	~信	~衡
Wén	Zhì	Chén	Xiǎn	Péi	Xìn	Héng

力 M **lì** — power; strength; ability

Ex:

~工	~行	~坚	~升	~兴	~恭	~伟
Gōng	Xíng	Jiān	Shēng	Xīng	Gōng	Wěi

立 **lì** — 1. stand; erect; establish 2. upright

Ex:

~果	~关	~荣	~才	~武	~人	~华
Guǒ	Guān	Róng	Cái	Wǔ	Rén	Huá

丽 F **lì** — beautiful

Ex:

~霞	~珍	~英	~玲	美~	嫣~	玉~
Xiá	Zhēn	Yīng	Líng	Měi	Yān	Yù

~人	~春	~阳	~然	嘉~	芝~	多~
Rén	Chūn	Yáng	Rán	Jiā	Zhī	Duō

励 **lì** — encourage

Ex:

~文	~柯	~真	~善	~和	~昭	~方
Wén	Kē	Zhēn	Shàn	Hé	Zhāo	Fāng

利 **lì** — 1. sharp 2. favourable; 3. benefit

Ex:

永~	泰~	孔~	达~	~纯	~山	~硕
Yǒng	Tài	Kǒng	Dá	Chún	Shān	Shuò

俐 F **lì** — clever; bright

Ex:

~玲	~方	~芸	~焯	温~	峤~	虞~
Líng	Fāng	Yún	Zhuō	Wēn	Qiáo	Yú

莉 F **lì** — jasmine

Ex:

碧~	雪~	馨~	茜~	~莲	~薇	~莎
Bì	Xuě	Xīn	Xī	Lián	Wēi	Shā

连 **lián** — link; join; connect

Ex:

理~	茂~	~满	~同	~滔	~涛	~堂
Lǐ	Mào	Mǎn	Tóng	Tāo	Tāo	Táng

莲 F **Lián**　　lotus

Ex:

丽~	郁~	禧~	巧~	宝~	~钰	~苔
Lì	Yù	Xǐ	Qiǎo	Bǎo	Yù	Tái

联 M **Lián**　　ally oneself with

Ex:

~勇	~栾	~圃	~璞	~骐	~强	~协
Yǒng	Luán	Pǔ	Pú	Qí	Qiáng	Xié

廉 **Lián**　　honest and clean

Ex:

~恕	~舒	~穗	~荪	~粟	~菘	~青
Shù	Shū	Suì	Sūn	Sù	Sōng	Qīng

恋 **Liàn**　　love; feel attached to

Ex:

~山	~洋	~水	~原	~旭	~知	~林
Shān	Yáng	Shuǐ	Yuán	Xù	Zhī	Lín

良 M **Liáng**　　1. good; fine 2. able person

Ex:

~驹	~成	~安	~澍	士~	慈~	民~
Jū	Chéng	Ān	Shù	Shì	Cí	Mín

梁 **Liáng**　　1. roof beam 2. bridge 3. ridge

Ex:

~成	~举	~固	~安	鸿~	孟~	肇~
Chéng	Jǔ	Gù	Ān	Hóng	Mèng	Zhào
~昆	~民	~如	~芳	成~	大~	中~
Kūn	Mín	Rú	Fāng	Chéng	Dà	Zhōng

亮 **Liàng**　　1. bright; light 2. shine 3. enlightened

Ex:

~德	~章	~舒	宏~	国~	明~	以~
Dé	Zhāng	Shū	Hóng	Guó	Míng	Yǐ

量 M **Liàng**　　capacity; quantity; amount

Ex:

海~	无~	德~	恩~	煦~	~宣	~洪
Hǎi	Wú	Dé	Ēn	Xù	Xuān	Hóng

辽	liáo	faraway; vast

Ex: ~远 ~浔 ~汛 ~萱 ~雪 ~虚 ~淞
Yuǎn Xún Xùn Xuān Xuě Xū Sōng

燎	liáo	burn

Ex: ~原 ~亮 ~金 ~炫 ~霆 ~阳 ~通
Yuán Liàng Jīn Xuàn Tíng Yáng Tōng

列 M	liè	arrange; line up; list

Ex: 坦~ 山~ 统~ 巍~ 威~ ~扬 ~石
Tǎng Shān Tǒng Wēi Wēi Yáng Shí

烈 M	liè	1. strong; violent 2. raging fire

Ex: 传~ 芳~ 荣~ 兴~ 幸~ 智~ 英~
Chuán Fāng Róng Xīng Xìng Zhì Yīng

林	lín	forest; woods

Ex: ~生 ~蔚 ~玮 ~缘 渊~ 岳~ 祥~
Shēng Wèi Wěi Yuán Yuān Yuè Xiáng

琳	lín	beautiful jade

Ex: 玉~ 宝~ 茜~ 楠~ 泰~ 筱~ 芸~
Yù Bǎo Xī Nán Tài Xiǎo Yún

霖 M	lín	continuous heavy rain; good soaking rain; timely rain

Ex: 沛~ 颜~ 巍~ 陶~ 奕~ 朝~ 昭~
Pèi Yán Wēi Táo Yì Zhāo Zhào

灵	líng	quick; clever; intelligent; effective; skilful

Ex: 敏~ 钟~ 泽~ 焰~ 照~ 肇~ 长~
Mǐn Zhōng Zé Yàn Zhào Zhào Cháng

苓 F **líng** Poris cocoo

Ex: 芷～ 裕～ 禅～ 艳～ 绥～ 莎～ 晓～
Zhǐ Yù Shán Yàn Suí Shā Xiǎo

玲 F **líng** petite and dainty

Ex: 丽～ 慕～ 凯～ 秀～ 静～ 翠～ 悦～
Lì Mù Kǎi Xiù Jìng Cuì Yuè

凌 **líng** 1. before dawn 2. rise high; reach the clouds

Ex: ～云 ～波 ～寰 ～辰 ～璋 ～高 ～峰
Yún Bō Huán Chén Zhāng Gāo Fēng

～同 燕～ 翔～ 泽～ 鹏～ 壮～ 乐～
Tóng Yàn Xiáng Zé Péng Zhuàng Lè

铃 **líng** small bell

Ex: 幸～ 喜～ 曼～ 锦～ 银～ 鹰～ 祥～
Xìng Xǐ Màn Jǐn Yín Yīng Xiáng

菱 F **líng** water chestnut

Ex: 红～ 雁～ 仙～ 细～ 香～ 娴～ 杏～
Hóng Yàn Xiān Xì Xiāng Xián Xìng

龄 F **líng** length of time

Ex: 美～ 晏～ 殷～ 寅～ 应～ 永～ 庆～
Měi Yàn Yīn Yǎn Yìng Yǒng Qìng

令 **lìng** laws and decrees; good name-reputation

Ex: ～和 ～绪 ～元 ～愉 ～瑜 ～长 ～常
Hé Xù Yuán Yú Yú Cháng Cháng

留 **liú** remain; keep; reserve; save

Ex: ～蔓 ～舒 ～憩 ～煦 ～省 ～谐 ～欣
Màn Shū Qì Xù Xǐng Xié Xīn

70

琉 **liú**   coloured glaze

Ex: ~茗   ~敏   ~琅   ~茵   ~谥   ~滢   ~沁
       Míng   Mǐn   Láng   Yīn   Yì   Yíng   Qìn

柳 **liǔ**   willow

Ex: ~波   ~懋   ~眉   ~莺   ~荫   ~绿   ~声
       Bō   Mào   Méi   Yīng   Yīn   Lǜ   Shēng

隆 M **lóng**   grand; prosperous; thriving; intense; deep

Ex: 万~   民~   绵~   南~   蓬~   齐~   ~寿
       Wàn   Mín   Mián   Nán   Péng   Qí   Shòu

龙 M **lóng**   dragon

Ex: ~山   俊~   天~   伟~   文~   望~   飞~
       Shān   Jùn   Tiān   Wěi   Wén   Wàng   Fēi

陆 **lù**   land

Ex: ~亭   ~鸣   ~施   ~胜   ~世   农~   奇~
       Tíng   Míng   Shī   Shèng   Shì   Nóng   Qí

璐 F **lù**   jade

Ex: 美~   梅~   品~   秦~   唐~   ~洲   ~瑞
       Měi   Méi   Pǐn   Qín   Táng   Zhōu   Ruì

露 **lù**   dew ; reveal

Ex: ~茜   ~亭   ~苗   沛~   扬~   锐~   玫~
       Xī   Tíng   Miáo   Pèi   Yáng   Ruì   Měi

律 **lǜ**   1. law; statute; rule 2. restrain; keep under control

Ex: ~齐   ~培   ~辛   ~蓉   ~蓁   ~肇   ~诚
       Qí   Péi   Xīn   Róng   Zhēn   Zhào   Chéng

71

绿	lǜ	green						
	Ex:	~筠	~洲	~漪	~茵	~峰	~莹	~泽
		Yún	Zhōu	Yī	Yīn	Fēng	Yín	Zé

峦	luán	1. low but steep and pointed hill 2. mountain in a range						
	Ex:	金~	长~	青~	明~	秀~	光~	贵~
		Jīn	Cháng	Qīng	Míng	Xiù	Guāng	Guì

銮	luán	a small tinkling bell						
	Ex:	秀~	金~	庄~	穆~	明~	~元	~裕
		Xiù	Jīn	Zhuāng	Mù	Míng	Yuán	Yù

伦	lūn	1. human relations 2. logic; order						
	Ex:	美~	孟~	慕~	嵩~	~远	~炎	~琪
		Měi	Mèng	Mù	Sōng	Yuǎn	Yàn	Qí

仑 M	lún	logical sequence						
	Ex:	~其	~强	~芹	~庆	~松	乔~	夏~
		Qí	Qiáng	Qín	Qìng	Sōng	Qiáo	Xià

洛	luò	the name of a river						
	Ex:	~易	~蟠	~乾	~澍	~源	述~	佩~
		Yì	Pán	Qián	Shù	Yuán	Shù	Pèi
		永~	芳~	昌~	顺~	瑞~	长~	蔚~
		Yǒng	Fāng	Chāng	Shùn	Ruì	Cháng	Wèi

M

玛	**Mǎ**	agate						
	Ex:	～戈	～宁	～抒	～芸	～祯	～桢	～珍
		Gē	Níng	Shū	Yún	Zhēng	Zhēng	Zhēn

迈 ｍ	**Mài**	step forward; advance with big strides						
	Ex:	～康	～幸	～隆	～瑞	～豪	捷～	君～
		Kāng	Xìng	Lóng	Ruì	Háo	Jié	Jūn

麦	**Mài**	wheat						
	Ex:	～青	～余	～波	～丰	～洋	～盛	金～
		Qīng	Yú	Bō	Fēng	Yáng	Shèng	Jīn

满	**Mǎn**	full; filled						
	Ex:	瑞～	志～	慧～	泉～	～熙	～望	～海
		Ruì	Zhì	Huì	Quán	Xī	Wàng	Hǎi

曼	**Màn**	graceful						
	Ex:	～君	～英	～青	～彬	～萍	秋～	西～
		Jūn	Yīng	Qīng	Bīn	Píng	Qiū	Xī

蔓 ｆ	**Màn**	trailing plant						
	Ex:	～莉	～玲	～媛	～至	～枝	～娜	柳～
		Lì	Líng	Yuán	Zhì	Zhī	Nà	Liǔ

芒	**Máng**	rays of light; brilliant rays						
	Ex:	～辉	～禾	～昌	～旺	～芸	～春	～立
		Huī	Hé	Chāng	Wàng	Yún	Chūn	Lì

茂 _M **Mào** luxuriant; flourishing

Ex: ～煦 ～盛 ～霖 ～植 ～发 ～泰 俊～
         Xù   Shèng Lín   Zhí   Fā   Tài   Jùn

懋 **Mào** diligent; luxuriant

Ex: ～辛 ～清 ～萱 ～征 ～泽 ～哲 君～
         Xīn   Qīng Xuān Zhēng Zé   Zhé   Jùn

玫 _F **Méi** rose

Ex: ～枝 ～蕊 ～蕙 ～姿 端～ 白～ 巧～
         Zhī   Ruǐ   Huì   Zī   Duān Bái   Qiǎo

眉 _F **Méi** features; looks

Ex: 爱～ 朗～ 笑～ 慧～ 秀～ 展～ 开～
         Ài   Lǎng Xiào Huì   Xiù   Zhǎn Kāi

         裕～ 粲～ ～娟 ～雯 容～ 逸～ 文～
         Yù   Càn   Juān Wén   Róng Yì   Wén

梅 _F **Méi** plum blossom

Ex: 雪～ 笑～ 冬～ 寒～ 香～ ～窗 ～枝
         Xuě   Xiào Dōng Hán   Xiāng Chuāng Zhī

美 _F **Měi** beautiful; pretty; good; very satisfactory

Ex: ～婷 ～蓉 ～兰 ～瑛 ～菡 ～燕 ～鸾
         Tíng Róng Lán   Yīng Hán   Yàn   Luán

媚 _F **Mèi** charming; fascinating; enchanting

Ex: 顾～ 曼～ 绮～ 碧～ 英～ 倩～ ～芳
         Gù   Màn   Qǐ   Bì   Yīng Qiàn Fāng

蒙 **Méng** receive; meet with

Ex: ～光 ～智 ～照 ～辉 ～立 ～霖 ～盛
         Guāng Zhì   Zhào Huī   Lì   Lín   Shèng

孟	**Mèng**	eldest brother					
	Ex:	~轲	~庄	~安	~元	~武 承~	延~
		Kē	Zhuāng	Ān	Yuán	Wǔ Chéng	Yán

梦	**Mèng**	dream					
	Ex:	~怀	~蝶	~宗	~先	~骞	~渊	~佳
		Huái	Dié	Zōng	Xiān	Qiān	Yuān	Jiā

弥	**Mí**	full; overflowing					
	Ex:	~满	~容	~达	~悟	~胜	~孺	绰~
		Mǎn	Róng	Dá	Wù	Shèng	Rǔ	Chuò

蜜 F	**Mì**	honey; sweet					
	Ex:	~美	~醇	~恬	~泉	~源	纯~	柔~
		Měi	Chún	Tián	Quán	Yuán	Chún	Róu

绵	**Mián**	continuous; unbroken					
	Ex:	宗~	远~	达~	~弘	~祐	~衍	~亮
		Zōng	Yuǎn	Dá	Hóng	Yòu	Yǎn	Liàng

勉	**Miǎn**	exert; strive; encourage; urge					
	Ex:	~之	~文	~翊	敦~	嘉~	佳~	尚~
		Zhī	Wén	Yì	Dūn	Jiā	Jiā	Shàng

苗	**Miáo**	young plant; seedling					
	Ex:	~青	~瑞	~钧	~琳	~光	绍~	慧~
		Qīng	Ruì	Jūn	Lín	Guāng	Shào	Huì
		美~	玉~	畹~	秀~	绿~	祥~	华~
		Měi	Yù	Wǎn	Xiù	Lǜ	Xiàng	Huí

水水水	**Miǎo**	(of an expanse of water) vast					
	Ex:	景~	季~	洪~	智~	伟~	厚~	怀~
		Jǐng	Jì	Hóng	Zhì	Wěi	Hòu	Huái

妙 F	**Miào**	wonderful; excellent; fine					
	Ex:	～丽	～思	～玄	～元	～玉	文～	化～
		Lì	Sī	Xuán	Yuán	Yù	Wén	Huà

民 M	**Mín**	the people					
	Ex:	立～	允～	汉～	继～	耿～	伟～	建～
		Lì	Yǔn	Hàn	Jì	Gěng	Wěi	Jiàn

敏	**Mǐn**	quick; agile; sharp; acute; keen					
	Ex:	诚～	美～	尚～	葆～	爱～	思～	～聪
		Chéng	Měi	Shàng	Bǎo	Ài	Sī	Cōng

名	**Míng**	fame; famous					
	Ex:	溥～	富～	美～	启～	育～	～鸿	～圣
		Pǔ	Fù	Měi	Qǐ	Yù	Hóng	Shèng

明	**Míng**	bright; brilliant; light					
	Ex:	～盛	～海	～君	～天	～德	～辉	～俐
		Shèng	Hǎi	Jūn	Tiān	Dé	Huī	Lì
		秋～	雪～	世～	思～	可～	中～	光～
		Qiū	Xuě	Shì	Sī	Kě	Zhōng	Guāng

鸣	**Míng**	1. ring; sound 2. airing of views					
	Ex:	～凤	～鸿	～鸾	～秋	美～	和～	一～
		Fèng	Hóng	Luán	Qiū	Měi	Hé	Yī

铭	**Míng**	engrave					
	Ex:	天～	务～	恕～	宽～	敦～	～心	～意
		Tiān	Wù	Shù	Kuān	Dūn	Xīn	Yì

模	**Mó**	pattern; standard; model					
	Ex:	效～	思～	宗～	式～	裴～	纪～	楷～
		Xiào	Sī	Zōng	Shì	Péi	Jì	Kǎi

茉	**Mò**	jasmine					
	Ex:	～香	～白	～莉	～英	～馨	～馥	～蕊
		Xiāng	Bái	Lì	Yīng	Xīn	Fù	Ruǐ

木	**Mù**	tree; wood					
	Ex:	化～	梓～	聪～	栋～	梁～	大～	～榆
		Huà	Zǐ	Cōng	Dòng	Liáng	Dà	Yú

沐	**Mù**	bathe; immerse					
	Ex:	～恩	～慈	～晖	～惠	～仁	～易	～茵
		Ēn	Cí	Huī	Huì	Rén	Yì	Yīn

牧	**Mù**	herd; tend					
	Ex:	～心	～之	～野	～溪	～辉	良～	善～
		Xīn	Zhī	Yě	Xī	Huī	Liáng	Shàn

睦	**Mù**	peaceful; harmonious					
	Ex:	～和	～居	～学	～秋	～情	谐～	素～
		Hé	Jū	Xué	Qiū	Qíng	Xié	Sù

慕	**Mù**	admire; yearn for; love; adore; look up with admiration					
	Ex:	～勤	～学	～玲	～远	～真	～潜	～瞻
		Qín	Xué	Líng	Yuǎn	Zhēn	Qián	Zhān

穆	**Mù**	solemn; reverent					
	Ex:	正～	逸～	齐～	雍～	文～	庄～	景～
		Zhèng	Yì	Qí	Yōng	Wén	Zhuāng	Jǐng
		清～	光～	恒～	秋～	可～	欣～	裕～
		Qīng	Guāng	Héng	Qiū	Kě	Xīn	Yù

N

纳 Nà   1. receive; admit 2. accept 3. enjoy

Ex:

～福	～诚	～智	～黍	～言	～度	～恒
Fú	Chéng	Zhì	Shǔ	Yán	Dù	Héng

乃 Nǎi   be; so; therefore; only then

Ex:

～粲	～晖	～斌	～彬	～穆	～祚	～疆
Càn	Huī	Bīn	Bīn	Mù	Zuò	Jiāng

耐 Nài   be able to bear or endure

Ex:

～筠	～君	～梅	～冬	～时	～远	～琢
Jūn	Jūn	Méi	Dōng	Shí	Yuǎn	Zhuó

男 Nán   man; male

Ex:

竞～	一～	比～	胜～	瑞～	福～	鹏～
Jìng	Yī	Bǐ	Shèng	Ruì	Fú	Péng

南 Nán   south

Ex:

伟～	伯～	赋～	逢～	～日	～光	～居
Wěi	Bó	Fù	Féng	Rì	Guāng	Jū

能 Néng   ability; capability

Ex:

炽～	厚～	福～	贤～	幸～	～智	～才
Chì	Hòu	Fú	Xián	Xìng	Zhì	Cái

妮 F Nī   girl

Ex:

燕～	恬～	美～	黛～	良～	艾～	～娜
Yàn	Tián	Měi	Dài	Liáng	Ài	Nà

年	**Nián**	year; age; a period in one's life						
	Ex:	长～	福～	富～	瑞～	稔～	桂～	博～
		Cháng	Fú	Fù	Ruì	Rěn	Guì	Bó

宁	**Níng**	peaceful; tranquil						
	Ex:	叔～	鸿～	怡～	曜～	苑～	泳～	～远
		Shū	Hóng	Yí	Yào	Yuàn	Yǒng	Yǔan

农	**Nóng**	agriculture; farming						
	Ex:	半～	稼～	雅～	砚～	庵～	禹～	立～
		Bàn	Jià	Yǎ	Yàn	Ān	Yǔ	Lì

暖 F	**Nuǎn**	warm; genial						
	Ex:	春～	培～	居～	熙～	丰～	～明	～玉
		Chūn	Péi	Jū	Xī	Fēng	Míng	Yù
		～言	～宜	～晴	～黛	～田	～芳	～煦
		Yán	Yí	Qíng	Dài	Tián	Fāng	Xù

葩 F	**Pā**	flower						
	Ex:	星～	花～	～绮	～娇	～艳	～惠	～芬
		Xīng	Huā	Qǐ	Jiāo	Yàn	Huì	Fēn

琶 F	**Pá**	arpeggio						
	Ex:	～诺	～音	珍～	爱～	怡～	念～	惜～
		Nuò	Yīn	Zhēn	Ài	Yí	Niàn	Xī

磐 M	**Pán**	huge rock						
	Ex:	～基	～立	永～	固～	大～	克～	增～
		Jī	Lì	Yǒng	Gù	Dà	Kè	Zēng

蟠 M	**Pán**	flat peach						
	Ex:	玉～	国～	俊～	祥～	瑞～	彦～	儒～
		Yù	Guó	Jùn	Xiáng	Ruì	Yàn	Rǔ

庞 M	**Páng**	huge						
	Ex:	～华	～基	～业	～展	～固	～略	～图
		Huá	Jī	Yè	Zhǎn	Gù	Lüè	Tú

培	**Péi**	1. foster; train; develop 2. cultivate; breed						
	Ex:	～瑞	～德	～心	～炽	～良	荫～	慧～
		Ruì	Dé	Xīn	Chì	Liáng	Yìn	Huì

沛 M	**Pèi**	copious; abundant						
	Ex:	～生	～昌	～荣	～春	～安	～兴	～弘
		Shēng	Chāng	Róng	Chūn	Ān	Xīng	Hóng

佩	Pèi	1. wear 2. admire						
	Ex:	~萱	~芹	~梓	~茹	宣~	钦~	今~
		Xuān	Qín	Zǐ	Rú	Xuān	Qīn	Jīn

霈	Pèi	heavy rain						
	Ex:	春~	方~	芳~	初~	永~	~宇	~寰
		Chūn	Fāng	Fāng	Chū	Yǒng	Yǔ	Huán

澎	Péng	surge						
	Ex:	~海	~淇	~浩	~望	~发	亨~	飞~
		Hǎi	Qí	Hào	Wàng	Fā	Hēng	Fēi

朋	Péng	friend						
	Ex:	~逸	~高	~喜	~泰	~来	泽~	云~
		Yì	Gāo	Xǐ	Tài	Lái	Zé	Yún

蓬	Péng	vigorous; flourishing; full of vitality						
	Ex:	~莲	~君	~春	~雨	~阳	均~	季~
		Lián	Jūn	Chūn	Yǔ	Yáng	Jūn	Jì

鹏 M	Péng	1. a legendary bird of enormous size 2. have a bright future						
	Ex:	~举	~飞	~远	~翔	~逸	畅~	大~
		Jǔ	Fēi	Yuǎn	Xiáng	Yì	Chàng	Dà

琵 F	Pí	a stringed musical instrument						
	Ex:	爱~	美~	~芝	~媛	~玮	~玉	~音
		Ài	Měi	Zhī	Ài	Wěi	Yù	Yīn

翩 F	Piān	lightly; trippingly						
	Ex:	~姿	~裳	~至	~娜	~翼	振~	乐~
		Zī	Cháng	Zhì	Nà	Yì	Zhèn	Lè

品	Pǐn	1. moral character 2. quality and style 3. conduct; behaviour						
	Ex:	洁～	德～	良～	～彰	～超	～曜	～逸
		Jié	Dé	Liáng	Zhāng	Chāo	Yào	Yì

平	Píng	1. flat; even; smooth 2. be on the same level; equal 3. ordinary; common 4. calm; quiet						
	Ex:	一～	重～	荣～	羽～	～健	～怀	～和
		Yī	Zhòng	Róng	Yǔ	Jiàn	Huái	Hé

苹	Píng	apple						
	Ex:	～浩	～照	庆～	雅～	美～	东～	佳～
		Hào	Zhào	Qìng	Yǎ	Měi	Dōng	Jiā

萍	Píng	duckweed						
	Ex:	曼～	绿～	星～	丽～	克～	～丹	～川
		Màn	Lǜ	Xīng	Lì	Kè	Dān	Chuān

蒲	Pú	cattail						
	Ex:	东～	溪～	柔～	嘉～	冠～	曜～	缮～
		Dōng	Xī	Róu	Jiā	Guān	Yào	Shàn

璞	Pú	uncut jade						
	Ex:	奇～	华～	宝～	爱～	梦～	～真	～玉
		Qí	Huá	Bǎo	Ài	Mèng	Zhēn	Yù

普	Pǔ	general; universal						
	Ex:	～霖	～照	～昶	～煦	～旭	～炫	～华
		Lín	Zhào	Chǎng	Xù	Xù	Xuàn	Huá
		光～	善～	汉～	文～	久～	华～	和～
		Guāng	Shàn	Hàn	Wén	Jiǔ	Huá	Hé

齐 Qí   1. neat; even; tidy; uniform   2. complete; all in readiness

    Ex:

文~	广~	万~	向~	~圣	~茂	~壮
Wén	Guǎng	Wàn	Xiàng	Shèng	Mào	Zhuàng

祈 Qí   pray; entreat

    Ex:

~永	~全	~勋	~优	~雍	~翔	~惠
Yǒng	Quán	Xūn	Yōu	Yōng	Xiáng	Huì

其 Qí   that; such; his; her; its; their

    Ex:

~伟	~沛	~信	~彦	~显	君~	士~
Wěi	Pèi	Xìn	Yàn	Xiǎn	Jūn	Shì

奇 Qí   queer; strange; wonderful; marvellous

    Ex:

~艾	~芸	~芹	~烈	~能	云~	方~
Ài	Yún	Qín	Liè	Néng	Yún	Fāng

琦 Qí   1. fine jade   2. outstanding; distinguished

    Ex:

君~	长~	景~	汉~	璋~	司~	之~
Jūn	Cháng	Jǐng	Hàn	Zhāng	Sī	Zhī

琪 Qí   fine jade

    Ex:

安~	纯~	正~	美~	丹~	~丽	~瑛
Ān	Chún	Zhèng	Měi	Dān	Lì	Yīng

企 Qǐ   1. stand on tiptoe   2. hope for; look forward to

    Ex:

~智	~兰	~洋	~勇	~正	~凤	~家
Zhì	Lán	Yáng	Yǒng	Zhèng	Fèng	Jiā

启 M **Qǐ** 1. open; arouse 2. enlightenment

Ex: ~家 ~阳 ~由 ~远 ~志 ~征 ~锋
Jiā Yáng Yóu Yuǎn Zhì Zhēng Fēng

起 M **Qǐ** 1. rise; get up; stand up 2. build; set up 3. start; begin

Ex: 承~ 敦~ 策~ 轩~ 尚~ 卓~ 扬~
Chéng Dūn Cè Xuān Shàng Zhuō Yáng

绮 F **Qǐ** 1. figured woven silk material 2. beautiful; gorgeous

Ex: 文~ 英~ 欣~ 方~ ~钰 ~毓 ~丽
Wén Yīng Xīn Fāng Yù Yù Lì

千 **Qiān** thousand

Ex: ~阅 ~莹 ~其 ~坪 ~满 ~惠 ~蔚
Yuè Yíng Qí Píng Mǎn Huì Wèi

谦 **Qiān** modest and courteous

Ex: ~怀 ~慈 ~瑜 ~亮 ~量 ~文 ~常
Huái Cí Yú Liàng Liàng Wén Cháng

前 **Qián** front; forward; preceding; first

Ex: 光~ 向~ 慕~ 景~ ~燮 ~昭 ~正
Guāng Xiàng Mù Jǐng Xiè Zhāo Zhèng

乾 M **Qián** male

Ex: 良~ 汉~ 少~ 韦~ 晔~ 孟~ 斌~
Liáng Hàn Shào Wěi Yè Mèng Bīn

倩 F **Qiàn** pretty; handsome

Ex: 美~ 凤~ ~立 ~容 ~如 ~姿 ~瑜
Měi Fèng Lì Róng Rú Zī Yú

84

强 M **Qiáng** strong; powerful

Ex: 大～ 少～ 永～ 克～ 有～ 贵～ 彦～
Dà Shào Yǒng Kè Yǒu Guì Yàn

华～ ～飞 ～明 ～中 ～汉 ～元 ～力
Huá Fēi Míng Zhōng Hàn Yuán Lì

乔 **Qiáo** 1. tall 2. disguise

Ex: 午～ 玉～ 伯～ 弓～ ～冬 ～中 ～松
Wǔ Yù Bó Gōng Dōng Zhōng Sōng

侨 **Qiáo** a person living abroad

Ex: ～安 ～山 ～圣 汉～ 宗～ 仲～ 景～
Ān Shān Shèng Hàn Zōng Zhòng Jǐng

翘 M **Qiáo** 1. raise 2. an outstanding person

Ex: 宗～ 楚～ 鸿～ 侗～ 奇～ 诚～ 祖～
Zōng Chǔ Hóng Tǒng Qí Chéng Zǔ

巧 **Qiǎo** ingenious; clever

Ex: ～琳 ～慈 ～新 ～优 ～亮 ～观 ～玉
Lín Cí Xīn Yōu Liàng Guān Yù

钦 **Qīn** admire; respect

Ex: 应～ 正～ 庄～ ～言 ～绥 ～葳 ～荃
Yīng Zhèng Zhuāng Yán Suí Wēi Quán

芹 **Qín** celery

Ex: ～华 ～荣 ～英 ～莨 ～芸 ～芬 ～菘
Huá Róng Yīng Liáng Yún Fēn Sōng

秦 **Qín** the Qin dynasty

Ex: 冠～ 甫～ 仲～ 季～ 光～ 思～ 扶～
Guān Fǔ Zhòng Jì Guāng Sī Fú

琴	Qín	musical instrument					
	Ex:	香～	松～	咏～	羿～	玉～	桂～	韵～
		Xiāng	Sōng	Yǒng	Yì	Yù	Guì	Yùn

勤	Qín	diligent; industrious; hardworking					
	Ex:	子～	学～	从～	时～	正～	喜～	方～
		Zǐ	Xué	Cóng	Shí	Zhèng	Xǐ	Fāng

青	Qīng	1. blue or green 2. green grass 3. youth; youthfulness					
	Ex:	～木	～杰	～松	～栾	椿～	望～	永～
		Mù	Jié	Sōng	Luán	Chūn	Wàng	Yǒng

卿	Qīng	1. a minister in ancient times 2. a term of endearment formerly used between husband and wife					
	Ex:	慧～	子～	长～	仲～	梓～	升～	少～
		Huì	Zǐ	Cháng	Zhòng	Zǐ	Shēng	Shào

清	Qīng	pure; clean; stainless; honest and upright					
	Ex:	～莲	～澄	～涟	～水	～明	～滢	～泉
		Lián	Chéng	Lián	Shuǐ	Míng	Yíng	Quán

晴 F	Qíng	fine; clear; sunny					
	Ex:	～好	～和	～云	～煦	～雯	～景	～莞
		Hǎo	Hé	Yún	Xù	Wén	Jǐng	Wǎn

庆	Qìng	celebrate; congratulate; rejoice					
	Ex:	遵～	～云	～光	～裕	～登	～民	～余
		Zūn	Yún	Guāng	Yù	Dēng	Mín	Yú

琼 F	Qióng	fine jade					
	Ex:	飞～	翠～	佩～	芳～	舜～	秀～	妙～
		Fēi	Cuì	Pèi	Fāng	Shùn	Xiù	Miào

丘 **Qiū** mound; hill

Ex:
满~	粟~	谷~	实~	德~	孔~	仲~
Mǎn	Sù	Gǔ	Shí	Dé	Kǒng	Zhòng

秋 **Qiū** autumn; harvest time

Ex:
广~	丰~	~瑾	~林	~泉	~月	~菊
Guǎng	Fēng	Jǐn	Lín	Quán	Yuè	Jú
~穗	~实	~枫	旺~	望~	金~	幸~
Suì	Shí	Fēng	Wàng	Wàng	Jīn	Xìng

裘 **Qiú** fur coat

Ex:
美~	荣~	成~	望~	贵~	银~	华~
Měi	Róng	Chéng	Wàng	Guì	Yín	Huá

趋 **Qū** hasten; tend towards

Ex:
~盛	~良	~阳	~平	~勇	~曜	~运
Shèng	Liáng	Yáng	Píng	Yǒng	Yào	Yùn

渠 M **Qú** 1. canal 2. medium of communication

Ex:
国~	汉~	大~	昌~	亨~	~通	~成
Guó	Hàn	Dà	Chāng	Hēng	Tōng	Chéng

趣 **Qù** interest; delight

Ex:
~玉	~云	~河	~志	~泽	~赴	~涛
Yù	Yún	Hé	Zhì	Zé	Fù	Tāo

权 M **Quán** right; power; authority

Ex:
国~	伟~	柄~	昆~	建~	钦~	汉~
Guó	Wěi	Bǐng	Kūn	Jiàn	Qīn	Hàn

全 **Quán** complete; whole; entirely; perfect

Ex:
亨~	十~	文~	秀~	常~	道~	济~
Hēng	Shí	Wén	Xiù	Cháng	Dào	Jì

泉 _M **Quán**   spring water; fountain head; source

Ex:　～和　笑～　长～　松～　万～　清～　林～
　　　　Hé　Xiào　Cháng　Sōng　Wàn　Qīng　Lín

确 **Què**   true; reliable; indeed

Ex:　文～　皋～　皇～　甫～　嘉～　～齐　～堂
　　　　Wén　Gāo　Huáng　Fǔ　Jiā　Qí　Táng

群 **Qún**   crowd; group; the masses

Ex:　爱～　健～　建～　鸿～　敬～　策～　显～
　　　　Ài　Jiàn　Jiàn　Hóng　Jìng　Cè　Xiǎn

　　　　～英　～立　～才　～贤　～庚　～冈　～知
　　　　Yīng　Lì　Cái　Xián　Gēng　Gāng　Zhī

R

然	**Rán**	right; correct

Ex:

浩~	景~	君~	伯~	孝~	文~	思~
Hào	Jǐng	Jūn	Bó	Xiào	Wén	Sī

人	**Rén**	human being; person; people

Ex:

~理	~佳	~冠	~杰	~俊	忠~	新~
Lǐ	Jiā	Guān	Jié	Jùn	Zhōng	Xīn

仁	**Rén**	1. kindheartedness; humanity 2. merciful; benevolent

Ex:

存~	葆~	尚~	安~	守~	先~	谦~
Cún	Bǎo	Shàng	Ān	Shǒu	Xiān	Qiān

任	**Rèn**	appoint; take up a job

Ex:

~先	~之	~冈	~祺	钦~	胜~	愉~
Xiān	Zhī	Gāng	Qí	Qīn	Shèng	Yú

荣	**Róng**	1. grow luxuriantly; flourish 2. honour; glory

Ex:

光~	国~	木~	汉~	振~	~武	~照
Guāng	Guó	Mù	Hàn	Zhèn	Wǔ	Zhào

容 F	**Róng**	1. hold; contain 2. tolerate 3. appearance; looks 4. permit; allow

Ex:

雅~	谦~	欢~	健~	俊~	月~	黛~
Yǎ	Qiān	Huān	Jiàn	Jùn	Yuè	Dài

蓉 F	**Róng**	lotus; cottonrose

Ex:

芙~	欣~	焕~	蕙~	佩~	春~	华~
Fú	Xīn	Huàn	Huì	Pèi	Chūn	Huá

榕	Róng	smallfruited fig tree						
	Ex:	~正	~亭	~盛	~茂	~堂	~壮	~柯
		Zhèng	Tíng	Shèng	Mào	Táng	Zhuàng	Kē

融	Róng	happy and harmonious; warm; on friendly terms						
	Ex:	令~	和~	~昶	~恬	~泰	~悦	~浦
		Lìng	Hé	Chǎng	Tián	Tài	Yuè	Pǔ

柔 F	Róu	soft; gentle; tender; delicate; lovely						
	Ex:	~盼	~景	~雯	~波	至~	端~	怡~
		Pàn	Jǐng	Wén	Bō	Zhì	Duān	Yí

如	Rú	like; as; if						
	Ex:	~茵	~皋	~彦	~素	~梅	莲~	松~
		Yīn	Gāo	Yàn	Sù	Méi	Lián	Sōng
		裕~	满~	宽~	冰~	易~	东~	和~
		Yù	Mǎn	Kuān	Bīng	Yì	Dōng	Hé

蕊 蕋 F	Ruǐ	stamen or pistil						
	Ex:	~思	晓~	新~	美~	香~	馨~	锦~
		Sī	Xiǎo	Xīn	Měi	Xiāng	Xīn	Jǐn

锐	Ruì	1. sharp; keen; acute 2. dash; drive						
	Ex:	~正	~力	~务	~思	显~	赞~	原~
		Zhèng	Lì	Wù	Sī	Xiǎn	Zàn	Yuán

瑞	Ruì	auspicious; lucky						
	Ex:	~满	~雪	~年	~远	~景	~容	~云
		Mǎn	Xuě	Nián	Yuǎn	Jǐng	Róng	Yún

睿	Ruì	wise and farsighted						
	Ex:	~智	~远	~见	~彦	~明	~硕	~度
		Zhì	Yuǎn	Jiàn	Yàn	Míng	Shuò	Dù

润 **Rùn**   moist; smooth; sleek

Ex:　可～　　长～　　常～　　～土　　～山　　～泽　　～之
　　　Kě　　Cháng　　Cháng　　Tǔ　　Shān　　Zé　　Zhī

若 **Ruò**   like; seem; if

Ex:　～兰　　～莲　　～纯　　～昆　昭～　　休～　　昌～
　　　Lán　　Lián　　Chún　　Kūn　Zhāo　　Xiū　　Chāng

In olden China, it was common to see a clan-name displayed over the main doorway of a Chinese home. When the Chinese emigrated to Southeast Asia, they brought with them this tradition and one may still see some of these clan-names at the main entrances of the old residences in Singapore.

S

赛 Sài	1. match; game; competition; contest 2. be comparable to; surpass						
Ex:	～邦	～宾	～锦	～章	～雪	～君	～梅
	Bāng	Bīn	Jǐn	Zhāng	Xuě	Jūn	Méi

瑟 F Sè	a musical instrument						
Ex:	秀～	玉～	素～	望～	～韵	～如	～松
	Xiù	Yù	Sù	Wàng	Yùn	Rú	Sōng

森 Sēn	forest; full of trees; multitudinous						
Ex:	木～	元～	景～	弘～	允～	嵩～	昌～
	Mù	Yuán	Jǐng	Hóng	Yǔn	Sōng	Chāng

莎 F Shā	a type of grass						
Ex:	白～	丽～	江～	香～	冰～	爱～	艾～
	Bái	Lì	Jiāng	Xiāng	Bīng	Ài	Ài

杉 Shān	china fir						
Ex:	飒～	挺～	玉～	如～	修～	高～	秋～
	Sà	Tǐng	Yù	Rú	Xiū	Gāo	Qiū

珊 F Shān	coral						
Ex:	～瑚	～瑛	静～	芸～	凤～	芳～	汶～
	Hú	Yīng	Jìng	Yún	Fèng	Fāng	Wén

山 Shān	hill; mountain						
Ex:	永～	松～	远～	南～	昆～	泰～	青～
	Yǒng	Sōng	Yuǎn	Nán	Kūn	Tài	Qīng

姗 F **Shān**   be slow in coming
Ex: 美~   佩~   容~   彬~   莲~   慧~   庄~
　　　 Měi   Pèi   Róng   Bīn   Lián   Huì   Zhuāng

闪 **Shǎn**   lightning; flash of light; twinkle; glimmer
Ex: ~光   ~亮   ~烁   ~辉   ~耀   ~异   ~明
　　　 Guāng   Liàng   Shuò   Huī   Yào   Yì   Míng

善 **Shàn**   1. good; honest; kindhearted   2. goodwill; mercy
Ex: 崇~   进~   希~   唯~   思~   存~   守~
　　　 Chóng   Jìn   Xī   Wéi   Sī   Cún   Shǒu

上 **Shàng**   upper; up; upward; forge ahead
Ex: 图~   力~   达~   向~   ~德   ~泽   ~佑
　　　 Tú   Lì   Dá   Xiàng   Dé   Zé   Yòu

尚 **Shàng**   esteem; value
Ex: ~贤   ~义   ~达   ~诚   ~恺   ~芳   ~宗
　　　 Xián   Yì   Dá   Chéng   Kǎi   Fāng   Zōng

韶 **Sháo**   1. splendid; beautiful   2. beautiful springtime; glorious youth
Ex: ~光   ~华   ~洪   ~和   ~辉   ~庆   ~维
　　　 Guāng   Huá   Hóng   Hé   Huī   Qìng   Wéi

少 **Shào**   young
Ex: ~华   ~平   ~英   ~川   ~珪   ~怀   ~通
　　　 Huá   Píng   Yīng   Chuān   Guī   Huái   Tōng

绍 **Shào**   carry on; continue
Ex: ~棠   ~葆   ~华   ~文   ~永   ~允   ~惠
　　　 Táng   Bǎo   Huá   Wén   Yǒng   Yǔn   Huì

申 Shēn　state; express; explain

Ex:　毓~　芸~　昌~　芳~　品~　津~　怡~
　　　Yù　Yún　Chāng　Fāng　Pǐn　Jīn　Yí

绅ₘ Shēn　gentry; gentleman

Ex:　经~　靖~　其~　范~　新~　斌~　丰~
　　　Jīng　Jìng　Qí　Fàn　Xīn　Bīn　Fēng

深 Shēn　1. deep; heartfelt　2. deep feeling; degree of depth

Ex:　~泉　~津　~源　~厚　肇~　广~　远~
　　　Quán　Jīn　Yuán　Hòu　Zhào　Guǎng　Yuǎn

慎 Shèn　careful; cautious

Ex:　~言　~思　~昌　~为　~择　从~　操~
　　　Yán　Sī　Chāng　Wéi　Zé　Cóng　Cāo

升 Shēng　rise; hoist; go up; ascend

Ex:　~登　~辉　~和　~濂　旭~　东~　日~
　　　Dēng　Huī　Hé　Lián　Xù　Dōng　Rì

　　　红~　云~　方~　连~　增~　康~　焕~
　　　Hóng　Yún　Fāng　Lián　Zēng　Kāng　Huàn

生 Shēng　1. grow　2. vitality　3. lively; vivid

Ex:　~泓　~和　~明　嘉~　惠~　新~　燕~
　　　Hóng　Hé　Míng　Jiā　Huì　Xīn　Yàn

声 Shēng　1. sound　2. reputation

Ex:　~哲　~诚　~逸　~仲　~惠　允~　道~
　　　Zhé　Chéng　Yì　Zhòng　Huì　Yǔn　Dào

圣 Shèng　sage; holy

Ex:　~先　~真　~仁　~宜　~绪　继~　化~
　　　Xiān　Zhēn　Rén　Yí　Xù　Jì　Huà

胜 **Shèng** victory; success

Ex: 庆~ 常~ 恒~ 万~ 连~ 乐~ 延~
Qìng　Cháng　Héng　Wàn　Lián　Lè　Yán

盛 ꜰ **Shèng** 1. flourishing; prosperous; grand; magnificent
2. generosity

Ex: ~锦　~谊　~隆　明~　锡~　昌~　蔚~
Jǐn　Yí　Lóng　Míng　Xī　Chāng　Wèi

诗 **Shī** poetry; verse; poem

Ex: ~君　~然　~畅　~趣　绿~　若~　乐~
Jūn　Rán　Chàng　Qù　Lǜ　Ruò　Lè

施 **Shī** execute; carry out; put to good use

Ex: ~宏　~优　~沃　~满　~永　~平　~惠
Hóng　Yōu　Wò　Mǎn　Yǒng　Píng　Huì

石 **Shí** stone; rock

Ex: 小~　基~　南~　玉~　钧~　~柱　~挥
Xiǎo　Jī　Nán　Yù　Jūn　Zhù　Huī

时 **Shí** time; times; age; days

Ex: ~禾　~臻　~新　~祐　惜~　慕~　向~
Hé　Zhēn　Xīn　Yòu　Xī　Mù　Xiàng

实 **Shí** 1. solid; true 2. reality; fact 3. fruit; seed

Ex: ~范　~增　~祺　~惠　~裕　~禧　~宽
Fàn　Zēng　Qí　Huì　Yù　Xǐ　Kuān

史 **Shǐ** history

Ex: ~良　~惠　~瑞　~萃　~申　~韵　~骞
Liáng　Huì　Ruì　Cuì　Shēn　Yùn　Qiān

使 Shǐ   envoy; messenger

Ex: ～信　～季　～骞　～彦　～谊　～盟　～新
　　　Xìn　　Jì　　Qiān　　Yàn　　Yí　　Méng　　Xīn

始 Shǐ   begining; start

Ex: ～美　～凯　～荣　～赞　～沛　～林　～芳
　　　Měi　　Kǎi　　Róng　　Zàn　　Pèi　　Lín　　Fāng

士 Shì   bachelor; scholar; gentry

Ex: 安～　～元　～衡　～龙　～光　～廉　～宗
　　　Ān　　Yuán　　Héng　　Lóng　　Guāng　　Lián　　Zōng

仕 Shì   be an official; official career

Ex: ～季　～达　～珣　～景　～显　～恭　～秉
　　　Jì　　Dá　　Xún　　Jǐng　　Xiǎn　　Gōng　　Bǐng

世 Shì   from generation to generation; world

Ex: ～游　～英　～光　～凯　～锡　～文　～度
　　　Yóu　　Yīng　　Guāng　　Kǎi　　Xī　　Wén　　Dù

释 Shì   1. let go; be relieved of 2. release; set free

Ex: ～尘　～寂　～幸　～宥　～初　～恕　～霜
　　　Chén　　Jì　　Xìng　　Yòu　　Chū　　Shù　　Shuāng

　　　～颜　～愁　～蒙　～劳　～然　～宽　广～
　　　Yán　　Chóu　　Méng　　Láo　　Rán　　Kuān　　Guǎng

守 Shǒu   guard; keep watch

Ex: ～中　～谦　～治　～仁　～哲　～俊　～钦
　　　Zhōng　　Qiān　　Zhì　　Rén　　Zhé　　Jùn　　Qīn

首 Shǒu   1. head; leader 2. first

Ex: ～节　～安　～熙　～钟　～慈　～珣　～康
　　　Jié　　Ān　　Xī　　Zhōng　　Cí　　Xún　　Kāng

寿	**Shòu**	longevity; long life					
	Ex:	禄~	冠~	永~	延~	彰~	彭~	~仁
		Lù	Guān	Yǒng	Yán	Zhāng	Péng	Rén

受	**Shòu**	receive; accept					
	Ex:	大~	咏~	~基	~堂	~福	~彦	~亭
		Dà	Yǒng	Jī	Táng	Fú	Yàn	Tíng

授	**Shòu**	award; vest; confer; give; teach					
	Ex:	克~	胥~	~凤	~孚	~阜	~甫	~勋
		Kè	Xū	Fèng	Fú	Fù	Fǔ	Xūn

书	**Shū**	1. write 2. book; document					
	Ex:	正~	翰~	玉~	贵~	冠~	重~	钧~
		Zhèng	Hàn	Yù	Guì	Guàn	Zhòng	Jūn

抒	**Shū**	express; convey					
	Ex:	~林	~机	~诗	~槐	~煌	~焕	~新
		Lín	Jī	Shī	Huái	Huáng	Huàn	Xīn

淑 F	**Shū**	kind and gentle; fair					
	Ex:	~卿	~清	~英	~浣	~湘	~仪	~娥
		Qīng	Qīng	Yīng	Huàn	Xiāng	Yí	É

舒	**Shū**	1. stretch 2. easy; leisurely 3. unfold					
	Ex;	~坦	~娟	~怡	~慧	~眉	~心	~志
		Tǎn	Juān	Yí	Huì	Méi	Xīn	Zhì
		~趣	~晖	~宏	~文	~卷	~云	~怀
		Qù	Huī	Hóng	Wén	Juàn	Yún	Huái

曙	**Shǔ**	daybreak; dawn					
	Ex:	~曦	~亮	~华	~云	~堂	~湘	~畅
		Xī	Liàng	Huá	Yún	Táng	Xiāng	Chàng

术	**Shù**	art; skill; technique					
	Ex:	风～	恒～	良～	坤～	芸～	望～	昌～
		Fēng	Héng	Liáng	Kūn	Yún	Wàng	Chāng

述	**Shù**	state; relate; narrate					
	Ex:	～成	～甫	～牧	～志	～仲	～忠	～敬
		Chéng	Fǔ	Mù	Zhì	Zhòng	Zhōng	Jìng

树	**Shù**	1. tree; plant 2. set up; establish					
	Ex:	宝～	玉～	伟～	锦～	～葳	～轩	～成
		Bǎo	Yù	Wěi	Jǐn	Wēi	Xuān	Chéng

竖	**Shù**	vertical; upright					
	Ex:	～帜	～实	～德	～鼎	～藩	～昭	～通
		Zhì	Shí	Dé	Dǐng	Fān	Zhāo	Tōng

恕	**Shù**	forgive; pardon; excuse					
	Ex:	～初	～元	～度	晓～	惠～	深～	允～
		Chū	Yuán	Dù	Xiǎo	Huì	Shēn	Yǔn

庶	**Shù**	multitudinous; numerous					
	Ex:	～智	～平	～尚	～思	～之	～泰	～望
		Zhì	Píng	Shàng	Sī	Zhī	Tài	Wàng
		～道	～康	～新	～英	～睦	～嘉	
		Dào	Kāng	Xīn	Yīng	Mù	Jiā	

澍	**Shù**	timely rain					
	Ex:	良～	时～	春～	望～	稼～	谷～	裕～
		Liáng	Shí	Chūn	Wàng	Jià	Gǔ	Yù

水	**Shuǐ**	water; river					
	Ex:	长～	春～	乐～	～浩	～智	～源	～良
		Cháng	Chūn	Lè	Hào	Zhì	Yuán	Liáng

順 **Shùn** smooth; unhindered; agreeable; easy; put in order

Ex: ～训 ～治 ～恭 ～坦 ～舟 ～尧 ～德
    Xùn   Zhì   Gōng   Tǎn   Zhōu   Yáo   Dé

舜 **Shùn** the name of a legendary monarch in ancient China

Ex: 承～ 英～ 金～ 继～ 敬～ 怀～ 光～
    Chéng   Yīng   Jīn   Jì   Jìng   Huái   Guāng

烁 **Shuò** bright; shining; twinkle

Ex: 永～ 粲～ 星～ 光～ 慧～ ～辉 ～华
    Yǒng   Càn   Xīng   Guāng   Huì   Huī   Huá

朔 **Shuò** new moon

Ex: ～昌 ～彰 ～盛 ～旺 ～元 ～裕 ～豫
    Chāng   Zhāng   Shèng   Wàng   Yuán   Yù   Yù

硕 **Shuò** 1. large 2. rich fruits; great achievements

Ex: 昌～ 秀～ 萱～ 庄～ ～玉 ～谷 ～实
    Chāng   Xiù   Xuān   Zhuāng   Yù   Gǔ   Shí

丝 F **Sī** silk

Ex: 蕙～ 佩～ 妙～ 美～ 碧～ 锦～ 金～
    Huì   Pèi   Miào   Měi   Bì   Jǐn   Jīn

思 **Sī** think; consider; long for

Ex: ～光 ～亮 ～齐 ～勉 ～源 ～潜 ～然
    Guāng   Liàng   Qí   Miǎn   Yuán   Qián   Rán

四 **Sì** four

Ex: ～海 ～维 ～向 ～方 ～术 ～平 ～极
    Hǎi   Wéi   Xiàng   Fāng   Shù   Píng   Jí

松 M **Sōng** — pine tree

Ex: ～林 ～山 ～坡 ～涛 ～原 ～柏 ～海
　　Lín　Shān　Pō　Tāo　Yuán　Bò　Hǎi

嵩 M **Sōng** — 1. high mountain 2. lofty

Ex: ～照 ～桢 ～凌 云～ 幸～ 玉～ 伟～
　　Zhào　Zhēng　Líng　Yún　Xìng　Yù　Wěi

宋 **Sòng** — the Song Dynasty

Ex: ～珩 ～平 ～顺 ～哲 ～同 ～章 ～至
　　Héng　Píng　Shùn　Zhé　Tóng　Zhāng　Zhì

送 **Sòng** — 1. a present 2. deliver; hand over

Ex: 天～ 登～ 以～ ～麟 ～英 ～澄 ～婷
　　Tiān　Dēng　Yǐ　Lín　Yīng　Chéng　Tíng

颂 **Sòng** — 1. praise; song 2. loud

Ex: ～庶 ～恩 ～义 ～安 ～光 ～康 ～学
　　Shù　Ēn　Yì　Ān　Guāng　Kāng　Xué

　　 ～玉 ～濂 ～勤 祺～ 宇～ 庆～ 景～
　　 Yù　Lián　Qín　Qí　Yǔ　Qìng　Jǐng

苏 **Sū** — revive; come to

Ex: 缦～ ～英 ～雨 ～生 ～昭 ～轩 ～慧
　　Màn　Yīng　Yǔ　Shēng　Zhāo　Xuān　Huì

肃 **Sù** — respectful; solemn; serious

Ex: ～朝 ～敬 ～应 ～川 ～央 ～颖 ～易
　　Cháo　Jìng　Yìng　Chuān　Yāng　Yǐng　Yì

素 F **Sù** — plain; quiet; simple

Ex: ～云 ～心 ～英 ～洁 ～珍 ～苑 ～婉
　　Yún　Xīn　Yīng　Jié　Zhēn　Yuàn　Wǎn

100

粟 **Sù**　　millet

Ex:　海～　永～　沧～　富～　延～　～洲　～茂
　　　Hǎi　Yǒng　Cāng　Fù　Yán　Zhōu　Mào

绥 **Suí**　　1. peaceful　2. pacify

Ex:　永～　维～　相～　靖～　～辰　～滨　～增
　　　Yǒng　Wéi　Xiāng　Jìng　Chén　Bīn　Zēng

遂 **Suì**　　satisfy; fulfil; succeed

Ex:　～志　～初　～深　～善　～启　顺～　广～
　　　Zhì　Chū　Shēn　Shàn　Qǐ　Shùn　Guǎng

穗 **Suì**　　the ear of a grain

Ex:　～华　～广　～海　～州　美～　智～　满～
　　　Huá　Guǎng　Hǎi　Zhōu　Měi　Zhì　Mǎn

　　　长～　芝～　和～　金～　旺～　昌～
　　　Cháng　Zhī　Hé　Jīn　Wàng　Chāng

台 Tái	platform; stage						
Ex:	念～	子～	始～	明～	少～	～青	～生
	Niàn	Zǐ	Shǐ	Míng	Shào	Qīng	Shēng

太 Tài	highest; greatest; extremely						
Ex:	～伯	～真	～白	～观	～光	～淳	～韬
	Bó	Zhēn	Bái	Guān	Guāng	Chún	Tāo

泰ₘ Tài	safe; peaceful; in good health						
Ex:	国～	皋～	浩～	庄～	笙～	～来	～山
	Gúo	Gāo	Hào	Zhuāng	Shēng	Lái	Shān

潭 Tán	deep pool; pond						
Ex:	可～	光～	碧～	日～	青～	福～	禧～
	Kě	Guāng	Bì	Rì	Qīng	Fú	Xǐ

坦 Tǎn	level; smooth; calm; open; candid						
Ex:	东～	泰～	舒～	心～	登～	～程	～容
	Dōng	Tài	Shū	Xīn	Dēng	Chéng	Róng

唐 Táng	the Tang Dynasty						
Ex:	继～	期～	以～	孺～	观～	祉～	承～
	Jì	Qī	Yǐ	Rǔ	Guān	Zhǐ	Chén

堂ₘ Táng	grand; stately; beautiful and imposing; dignified						
Ex:	锦～	玉～	松～	辛～	振～	益～	和～
	Jǐn	Yù	Sōng	Xīn	Zhèn	Yì	Hé

棠	Táng	Chinese bush cherry

Ex:
海~	美~	华~	荣~	庆~	盛~	棣~
Hǎi	Měi	Huá	Róng	Qìng	Shèng	Dì

涛M	Tāo	great waves; terrifying crashing waves

Ex:
崇~	洪~	孟~	仲~	宪~	镇~	定~
Chóng	Hóng	Mèng	Zhòng	Xiàn	Zhèn	Dìng

桃F	Táo	peach

Ex:
春~	玉~	芳~	琼~	~源	~溪	~花
Chūn	Yù	Fāng	Qióng	Yuán	Xī	Huā

陶	Táo	1. happy and carefree 2. mould a person's temperament

Ex:
~冶	~治	~云	~心	~情	~志	~真
Yě	Zhì	Yún	Xīn	Qíng	Zhì	Zhēn

特	Tè	special; particular; out of the ordinary

Ex:
~稔	~任	~仕	~苒	~勤	~钦	~芩
Rěn	Rèn	Shì	Rǎn	Qín	Qīn	Qín

腾M	Téng	gallop; jump; prance

Ex:
远~	高~	~云	~翘	~飞	~跃	~蛟
Yuǎn	Gāo	Yún	Qiáo	Fēi	Yào	Jiāo

体	Tǐ	1. body; part of the body 2. personally do or experience something

Ex:
~仁	~行	~知	~文	~中	~原	~祥
Rén	Xíng	Zhī	Wén	Zhōng	Yuán	Xiáng

天	Tiān	sky; heaven

Ex:
~庭	~铭	~锡	~赐	~恩	青~	鹏~
Tíng	Míng	Xī	Sì	Ēn	Qīng	Péng

添 M Tiān	add; increase						
Ex:	～禄	～恩	～吉	～祥	～惠	～庶	～寿
	Lù	Ēn	Jí	Xiáng	Huì	Shù	Shòu

田 Tián	field; farmland						
Ex:	青～	景～	菁～	茂～	锦～	奂～	华～
	Qīng	Jǐng	Jīng	Mào	Jǐn	Huàn	Huá

恬 F Tián	quiet; tranquil; calm						
Ex:	～妮	～媛	～玉	～庄	～静	～云	～霞
	Ní	Yuán	Yù	Zhuāng	Jìng	Yún	Xiá

甜 F Tián	sweet; honeyed						
Ex:	～杏	～娃	～茵	～樱	～津	～榛	～韵
	Xìng	Wá	Yīn	Yīng	Jīn	Zhēn	Yùn

铁 M Tiě	iron; man of iron will						
Ex:	铮～	方～	～镇	～山	～基	～印	～杉
	Zhēng	Fāng	Zhèn	Shān	Jī	Yìn	Shān

廷 Tíng	palace						
Ex:	～炯	～卷	～珏	～蝉	～章	～璧	凤～
	Jiǒng	Juàn	Jué	Chán	Zhāng	Bì	Fèng

亭 Tíng	pavilion						
Ex:	文～	雨～	玉～	丹～	松～	晚～	月～
	Wén	Yǔ	Yù	Dān	Sōng	Wǎn	Yuè

庭 Tíng	front courtyard; front yard						
Ex:	天～	光～	辉～	浩～	阳～	～盛	～松
	Tiān	Guāng	Huī	Hào	Yáng	Shèng	Sōng
	～美	～满	～康	～佳	～和	～昌	～泰
	Měi	Mǎn	Kāng	Jiā	Hé	Chāng	Tài

婷 F **Tíng**   graceful

Ex: 乃~   曼~   婉~   静~   淑~   ~文   ~立
       Nǎi   Màn   Wǎn   Jìng   Shū   Wén   Lì

挺 **Tǐng**   1. straight; erect; tall and graceful 2. endure

Ex: ~正   ~秀   ~枫   ~桦   ~修   ~昌   ~章
       Zhèng Xiù   Fēng   Huá   Xiū   Chāng Zhāng

通 M **Tōng**   open; through; unobstructed; clear; easy and smooth

Ex: 孝~   兆~   培~   大~   绵~   宏~   亦~
       Xiào   Zhào   Péi   Dà   Mián   Hóng   Yì

同 **Tóng**   same; alike; identical

Ex: 纪~   大~   洛~   谊~   永~   释~   兆~
       Jì   Dà   Luò   Yì   Yǒng   Shì   Zhào

桐 **Tóng**   phoenix tree; tung tree

Ex: 季~   朴~   学~   咏~   钟~   珩~   荣~
       Jì   Pǔ   Xué   Yǒng   Zhōng Héng   Róng

统 **Tǒng**   1. all; together 2. unify; unite

Ex: ~义   ~璋   ~绍   ~博   ~鉴   ~徽   ~珍
       Yì   Zhāng Shào   Bó   Jiàn   Huī   Zhēn

图 **Tú**   1. picture; chart; map 2. plan; pursue

Ex: 树~   鸿~   富~   雄~   ~进   ~志   ~壮
       Shù   Hóng   Fù   Xióng Jìn   Zhì   Zhuàng

团 **Tuán**   1. round; circular 2. reunion

Ex: 锦~   灼~   经~   纬~   恕~   释~   仰~
       Jǐn   Zhuó   Jīng   Wěi   Shù   Shì   Yǎng

妥 **Tuǒ** proper; appropriate; well arranged

Ex:

安~	~立	~全	~泰	~平	~明	~诚
Ān	Lì	Quán	Tài	Píng	Míng	Chéng

~然	~贤	~祥	~文	稳~	~绥	~宽
Rán	Xián	Xiáng	Wén	Wěn	Suì	Kuān

拓 M **Tuò** open up; develop

Ex:

~野	~疆	~新	~源	~峰	~景	~道
Yě	Jiāng	Xīn	Yuán	Fēng	Jǐng	Dào

~成	~林	~盛	~之	~夫	~观	~广
Chéng	Lín	Shèng	Zhī	Fū	Guān	Guǎng

W

莞 F **Wǎn**	smile						
Ex:	微~	温~	露~	欢~	~朗	~华	~容
	Wēi	Wēn	Lù	Huān	Lǎng	Huá	Róng

婉 F **Wǎn**	gentle; gracious; beautiful; graceful; elegant; lovely						
Ex:	豫~	燕~	静~	玉~	~华	~莲	~芳
	Yù	Yàn	Jìng	Yù	Huá	Lián	Fāng

万 M **Wàn**	ten thousand; a very great number						
Ex:	~全	~福	~昌	~昭	~春	~烨	~兴
	Quán	Fú	Chāng	Zhāo	Chūn	Yè	Xīng

王 **Wáng**	1. king 2. grand; great						
Ex:	海~	隆~	~幸	~凤	~河	~贤	~政
	Hǎi	Lóng	Xīng	Fèng	Hé	Xián	Zhèng

旺 **Wàng**	prosperous; flourishing; vigorous						
Ex:	~兴	~发	~余	庆~	顺~	阳~	来~
	Xīng	Fā	Yú	Qìng	Shùn	Yáng	Lái

望 **Wàng**	1. look over; 2. hope; expect 3. reputation; prestige						
Ex:	~初	~舜	~棣	~学	~祺	~青	~吉
	Chū	Shùn	Dì	Xué	Qí	Qīng	Jí

威 M **Wēi**	impressive strength; power; might; majestic-looking						
Ex:	~方	~豪	~公	~达	~长	~南	~平
	Fāng	Háo	Gōng	Dá	Cháng	Nán	Píng

微 _F **Wēi**　1. slight; tiny; small　2. smile

Ex:

~曦	~娜	~娇	~瑛	~雪	~珍	~婉
Xī	Nà	Jiāo	Yīng	Xuě	Zhēn	Wǎn

薇 _F **Wēi**　rose

Ex:

~蕊	~芯	~苑	~菡	~苒	~荃	~芩
Ruǐ	Xìn	Wǎn	Hàn	Rǎn	Quán	Qín

巍 _M **Wēi**　towering; lofty; majestic

Ex:

~然	~迈	~洛	~象	轩~	志~	至~
Rán	Mài	Luò	Xiàng	Xuān	Zhì	Zhì

为 **Wéi**　do; act; act with daring

Ex:

大~	焯~	明~	超~	藩~	~栋	~经
Dà	Zhuó	Míng	Chāo	Fān	Dòng	Jīng

维 **Wéi**　1. tie up; hold together　2. thinking; thought
3. maintain; support

Ex:

~钧	~绥	~经	~和	~平	民~	大~
Jūn	Suí	Jīng	Hé	Píng	Mín	Dà

伟 _M **Wěi**　big; great; magnificent; mighty

Ex:

~权	~文	~度	~恒	~齐	至~	承~
Quán	Wén	Dù	Héng	Qí	Zhì	Chéng

纬 **Wěi**　weft; parallel

Ex:

经~	国~	容~	原~	恭~	~则	~长
Jīng	Guó	Róng	Yuán	Gōng	Zé	Cháng

玮 **Wěi**　1. valuable; precious　2. rare treasure

Ex:

平~	南~	启~	~珠	~琇	~咨	~台
Píng	Nán	Qǐ	Zhū	Xiù	Zī	Tái

卫 _M **Wèi**   defend; guard; protect

Ex: ~中   ~国   ~稷   ~汉   ~基   前~   天~

      Zhōng   Guó   Jì   Hàn   Jī   Qián   Tiān

未 **Wèi**   future; approaching; next

Ex: ~辛   ~飒   ~若   ~央   ~艾   ~雨   ~济

      Xīn   Sà   Ruò   Yāng   Ài   Yǔ   Jì

位 **Wèi**   place; location

Ex: 正~   南~   叔~   明~   文~   通~   ~平

      Zhèng   Nán   Shū   Míng   Wén   Tōng   Píng

蔚 **Wèi**   luxuriant; grand; sky blue

Ex: ~礼   ~风   ~敬   ~伦   ~先   玉~   承~

      Lǐ   Fēng   Jìng   Lún   Xiān   Yù   Chéng

慰 **Wèi**   console; comfort

Ex: ~承   ~则   ~延   ~昶   ~凤   ~融   文~

      Chéng   Zé   Yán   Chǎng   Fèng   Róng   Wén

温 **Wēn**   warm; moderate; gentle and soft; gentle and cultivated

Ex: ~通   ~和   ~远   ~伟   ~舒   ~表   ~宛

      Tōng   Hé   Yuǎn   Wěi   Shū   Biǎo   Wǎn

文 **Wén**   elegant; refined; cultivated; suave

Ex: ~福   ~德   ~思   ~涓   ~授   景~   为~

      Fú   Dé   Sī   Juān   Shòu   Jǐng   Wéi

稳 **Wěn**   1. steadily 2. firm; stable; safe; reliable; staid

Ex: ~稷   ~梁   ~量   ~良   ~健   ~竣   ~固

      Jì   Liáng   Liàng   Liáng   Jiàn   Jùn   Gù

沃 **Wò** fertile; rich soil

Ex:

~水	~丰	~土	~疆	中~	春~	新~
Shuǐ	Fēng	Tǔ	Jiāng	Zhōng	Chūn	Xīn

无 **Wú** nothing; nil

Ex:

~瑕	~愁	~尘	~碌	~为	~疾	~戈
Xiá	Chóu	Chén	Lù	Wéi	Jí	Gē

吾 **Wú** I; we

Ex:

省~	涤~	处~	静~	悟~	舍~	冠~
Xǐng	Dí	Chù	Jìng	Wù	Shě	Guān

梧 M **Wú** Chinese parasol

Ex:

亚~	荣~	炎~	经~	英~	孟~	学~
Yà	Róng	Yàn	Jīng	Yīng	Mèng	Xué

武 M **Wǔ** military; armed might

Ex:

立~	继~	君~	宜~	祖~	绳~	克~
Lì	Jì	Jūn	Yí	Zǔ	Shéng	Kè

务 **Wù** affair; business

Ex:

~仲	~叔	~伯	~冲	~静	~晞	~统
Zhòng	Shū	Bó	Chōng	Jìng	Xī	Tǒng

悟 **Wù** realize; awaken

Ex:

~身	~思	~源	~绪	~牧	~节	~鸿
Shēn	Sī	Yuán	Xù	Mù	Jié	Hóng

~道	~空	~了	~然	洞~	顿~	知~
Dào	Kōng	Liǎo	Rán	Dòng	Dùn	Zhī

西	**Xī**	west						
	Ex:	自~	泰~	~稔	~任	~恺	~钧	~曼
		Zì	Tài	Rěn	Rèn	Kǎi	Jūn	Màn

希	**Xī**	1. rare; uncommon 2. hope; wish; expect						
	Ex:	~光	~圣	~平	~惠	~廉	~白	~哲
		Guāng	Shèng	Píng	Huì	Lián	Bái	Zhé

惜	**Xī**	cherish; value highly; care for tenderly; treasure						
	Ex:	~阴	~真	~景	~重	~恭	~明	~悟
		Yīn	Zhēn	Jǐng	Zhòng	Gōng	Míng	Wù

晞	**Xī**	the first light of day; daybreak						
	Ex:	美~	昭~	彦~	思~	慕~	~澄	~照
		Měi	Zhāo	Yàn	Sī	Mù	Chéng	Zhào

悉	**Xī**	all; entirely						
	Ex:	~明	~奕	~安	~玄	~敬	~绰	~润
		Míng	Yì	Ān	Xuán	Jìng	Chuò	Rùn

晰	**Xī**	clear; distinct						
	Ex:	白~	清~	维~	启~	燮~	兴~	世~
		Bái	Qīng	Wéi	Qǐ	Xiè	Xīng	Shì

稀	**Xī**	rare; scarce; uncommon; unusual						
	Ex:	~明	~珍	~英	~久	~玖	爱~	新~
		Míng	Zhēn	Yīng	Jiǔ	Jiǔ	Ài	Xīn

犀	Xī	sharp; incisive; trenchant

		香~	芳~	馥~	远~	溢~	怡~	思~
Ex:		Xiāng	Fāng	Fù	Yuǎn	Yì	Yí	Sī

溪	Xī	small stream; brook; rivulet

		花~	清~	谷~	石~	芳~	乐~	美~
Ex:		Huā	Qīng	Gǔ	Shí	Fāng	Lè	Měi

锡	Xī	tin

		~玉	~金	~贵	~岳	~泰	~凤	~珪
Ex:		Yù	Jīn	Guì	Yuè	Tài	Fèng	Guī

熙	Xī	1. bright; sunny 2. prosperous 3. gay; merry

		~煦	~庭	~园	~照	~和	~梧	~之
Ex:		Xù	Tíng	Yuán	Zhào	Hé	Wú	Zhī

熹	Xī	dawn; brightness

		~迪	~昆	~丹	~庄	~云	~铭	~序
Ex:		Dí	Kūn	Dān	Zhuāng	Yún	Míng	Xù

曦	Xī	sunlight; early morning sunlight

		~辉	~光	~明	~皋	~霁	方~	晨~
Ex:		Huī	Guāng	Míng	Gāo	Jì	Fāng	Chén

玺	Xǐ	imperial or royal seal

		尔~	仲~	玉~	宝~	禄~	~璐	~锟
Ex:		Ěr	Zhòng	Yù	Bǎo	Lù	Lù	Kūn

喜	Xǐ	1. happy; delighted; pleased 2. like; love; be fond of

		~奎	~原	~田	~雨	~卉	光~	凤~
Ex:		Kuí	Yuán	Tián	Yǔ	Huì	Guāng	Fèng

禧 Xǐ   auspiciousness; happiness; jubilation

Ex: ～宸 ～慧 ～屏 ～缦 ～祥 ～彰 ～致
       Chén Huì Píng Màn Xiáng Zhāng Zhì

系 Xì   be anxious about; feel concerned about

Ex: ～国 ～祖 ～恩 ～汉 ～稷 ～邦 ～德
       Guó Zǔ Ēn Hàn Jì Bāng Dé

细 Xì   1. delicate; tender 2. exquisite; dainty 3. very
             small; tiny 4. careful; attentive

Ex: ～流 ～水 ～耘 ～淙 ～雨 ～芯 ～涓
       Liú Shuǐ Yún Cóng Yǔ Xīn Juān

侠 Xiá   having a strong sense of justice and ready to
             help the weak

Ex: 少～ 豪～ 义～ 颂～ 佩～ 沱～ 吉～
       Shào Háo Yì Sòng Pèi Tuó Jí

瑕 Xiá   flaw in a piece of jade

Ex: 无～ 碧～ 璧～ 白～ 拂～ 却～ 疾～
       Wú Bì Bì Bái Fú Què Jí

霞 Xiá   rosy clouds; morning or evening glow

Ex: ～客 ～天 朝～ 紫～ 云～ 红～ 彩～
       Kè Tiān Zhāo Zǐ Yún Hóng Cǎi

夏 Xià   1. summer 2. China

Ex: 元～ 崇～ 觐～ 冠～ 启～ 恭～ ～才
       Yuán Chóng Jìn Guān Qǐ Gōng Cái

仙 Xiān   celestial being; immortal

Ex: 韵～ ～阁 ～慧 ～月 ～郡 ～逸 ～洲
       Yùn Gé Huì Yuè Jùn Yì Zhōu

先 **Xiān** 1. earlier; before; first; in advance 2. guide; forerunner 3. vanguard 4. sage

Ex: 任~ 望~ 圣~ 道~ ~杰 ~侠 ~璇
Rèn　Wàng　Shèng　Dào　Jié　Xiá　Xuán

鲜 F **Xiān** 1. bright; bright-coloured 2. clear-cut; distinct
Ex: ~明 ~亮 ~珠 ~朗 ~春 ~茴 ~莘
Míng　Liàng　Zhū　Lǎng　Chūn　Huí　Shēn

贤 **Xián** 1. prominent personage 2. worthy 3. virtuous; able and virtuous; wise and able

Ex: 念~ 仰~ 俊~ 象~ 尚~ 绍~ 钦~
Niàn　Yǎng　Jùn　Xiàng　Shàng　Shào　Qīn

娴 F **Xián** 1. refined and gentle; elegant 2. adept; skilled
Ex: 景~ 长~ 文~ 采~ ~娘 ~庄 ~明
Jǐng　Cháng　Wén　Cǎi　Niáng　Zhuāng　Míng

显 **Xiǎn** 1. illustrious; celebrated 2. powerful and influential 3. notable; marked 4. obvious; manifest

Ex: ~贵 ~能 ~冠 ~智 ~耀 ~杰 ~俊
Guì　Néng　Guān　Zhì　Yào　Jié　Jùn

现 **Xiàn** present; current; existing
Ex: ~谊 ~同 ~容 ~成 ~中 ~东 ~通
Yí　Tóng　Róng　Chéng　Zhōng　Dōng　Tōng

宪 **Xiàn** 1. statute 2. constitution
Ex: 家~ 问~ 中~ 效~ 维~ 德~ 向~
Jiā　Wèn　Zhōng　Xiào　Wéi　Dé　Xiàng

羡 **Xiàn** admire; envy
Ex: ~才 ~英 ~达 ~立 ~峰 ~辉 ~铭
Cái　Yīng　Dá　Lì　Fēng　Huī　Míng

献	Xiàn	offer; present; donate; dedicate						
	Ex:	瑞～	雅～	世～	悦～	崇～	靖～	冀～
		Ruì	Yǎ	Shì	Yuè	Chóng	Jìng	Jì

香 F	Xiāng	1. fragrant; sweet-smelling 2. popular; welcome						
	Ex:	～苓	～菱	～雪	～霏	～纯	～梓	～春
		Líng	Líng	Xuě	Fēi	Chún	Zǐ	Chūn

湘	Xiāng	name of a river						
	Ex:	～纱	～秀	～江	～群	～京	～元	～余
		Shā	Xiù	Jiāng	Qún	Jīng	Yuán	Yú

襄	Xiāng	assist; help						
	Ex:	～曜	～逸	～莹	～陵	～立	～达	～应
		Yào	Yì	Yíng	Líng	Lì	Dá	Yìng

祥	Xiáng	auspicious; propitious; lucky						
	Ex:	麟～	～林	～云	～有	～勇	～豫	～珣
		Líng	Lín	Yún	Yǒu	Yǒng	Yù	Xún

翔	Xiáng	circle in the air						
	Ex:	燕～	鹏～	凤～	雁～	鸿～	凌～	飞～
		Yàn	Péng	Fèng	Yàn	Hóng	Líng	Fēi

享	Xiǎng	enjoy						
	Ex:	～成	～年	～学	～煦	～序	～晖	～闻
		Chéng	Nián	Xué	Xù	Xù	Huī	Wén

向	Xiàng	1. upward; up 2. sunny						
	Ex:	～时	～岳	～葵	～龙	～周	～阳	～锦
		Shí	Yuè	Kuí	Lóng	Zhōu	Yáng	Jǐn
		～同	～全	～诚	～云	～庶	～辉	～宇
		Tóng	Quán	Chéng	Yún	Shù	Huī	Yǔ

相 Xiàng looks; appearance

Ex:

其~	文~	炜~	霆~	~彤	~吾	~瑞
Qí	Wén	Wěi	Tíng	Tóng	Wú	Ruì

~汉	~绅	~贤	~远	~庆	~生	~彬
Hàn	Shēn	Xián	Yuǎn	Qìng	Shēng	Bīn

骁ₘ Xiāo brave; valiant

Ex:

~勇	~健	~骋	~盛	~远	~飞	~鸣
Yǒng	Jiàn	Chěng	Shèng	Yuǎn	Fēi	Míng

霄 Xiāo clouds; sky; heaven

Ex:

振~	凌~	云~	九~	青~	高~	冲~
Zhèn	Líng	Yún	Jiǔ	Qīng	Gāo	Chōng

小 Xiǎo 1. small; little; petty 2. young

Ex:

~辛	~乙	~甲	~倩	~东	~青	~红
Xīn	Yǐ	Jiǎ	Qiàn	Dōng	Qīng	Hóng

晓 Xiǎo dawn; daybreak

Ex:

~阳	~华	~盈	~乔	~欣	~章	~连
Yáng	Huá	Yíng	Qiáo	Xīn	Zhāng	Lián

筱 Xiǎo thin bamboo

Ex:

~逸	~敬	~悦	~慈	~肃	~远	~蕞
Yì	Jìng	Yuè	Cí	Sù	Yuǎn	Zuì

孝 Xiào filial piety

Ex:

~通	~甫	~直	~起	~先	~仁	~然
Tōng	Fǔ	Zhí	Qǐ	Xiān	Rén	Rán

笑 Xiào 1. smile; laugh 2. smiling expression

Ex:

~梅	~容	~仪	~月	~盈	~眉	~薇
Méi	Róng	Yí	Yuè	Yíng	Méi	Wēi

效 Xiào imitate; follow the example of

Ex: ~辛   ~绪   ~训   ~贤   ~凤   ~序   ~纯
       Xīn   Xù   Xùn   Xián   Fèng   Xù   Chún

协 Xié 1. joint; combined 2. co-operation; co-ordination

Ex: ~成   ~立   ~幸   ~和   ~同   咏~   永~
       Chéng   Lì   Xìng   Hé   Tóng   Yǒng   Yǒng

谐 Xié in harmony; in accord

Ex: ~乐   ~朗   ~祯   ~运   ~容   ~宛   ~逸
       Lè   Lǎng   Zhēng   Yùn   Róng   Wǎn   Yì

心 Xīn heart; mind; feeling; intention

Ex: 素~   一~   文~   养~   莲~   ~怡   ~然
       Sù   Yī   Wén   Yǎng   Lián   Yí   Rán

欣 Xīn glad; happy; joyful; flourishing

Ex: ~云   ~荷   ~悦   ~雅   ~喜   ~愉   ~莞
       Yún   Hé   Yuè   Yǎ   Xǐ   Yú   Wǎn

新 Xīn new; fresh; up-to-date

Ex: ~权   ~庆   ~民   ~时   ~蕾   ~春   ~雅
       Quán   Qìng   Mín   Shí   Lěi   Chūn   Yǎ

       ~竹   ~晖   ~贵   ~元   立~   达~   日~
       Zhú   Huī   Guì   Yuán   Lì   Dá   Rì

馨 Xīn strong and pervasive fragrance

Ex: 德~   仁~   ~辉   ~柔   ~桂   ~兰   ~香
       Dé   Rén   Huī   Róu   Guì   Lán   Xiāng

信 Xìn true; confidence; trust; faith

Ex: ~基   ~臻   ~致   ~诚   ~纲   ~义   ~仁
       Jī   Zhēn   Zhì   Chéng   Gāng   Yì   Rén

兴 M **Xīng**   1. prosperous; flourishing; thriving 2. rise; spring up; be on the upgrade

Ex: ~隆   ~盛   ~业   ~建   ~浩   中~   纯~
      Lóng Shèng Yè   Jiàn Hào Zhōng Chún

星 **Xīng**   star

Ex: 蒙~   海~   晨~   慧~   金~   ~华   ~辉
      Méng Hǎi Chén Huì Jīn   Huá   Huī

行 **Xíng**   capable; competent

Ex: ~骅   ~骏   ~汉   ~度   ~良   ~实   ~知
      Huá Jùn   Hàn   Dù   Liáng Shí   Zhī

型 **Xíng**   model; type; pattern

Ex: 楷~   建~   果~   弘~   和~   ~康   ~侃
      Kǎi   Jiàn Guǒ Hóng Hé   Kāng Kǎn

省 **Xǐng**   examine oneself critically; examine one's thoughts and conduct

Ex: ~身   ~吾   ~心   ~志   ~图   ~意   三~
      Shēn Wú   Xīn   Zhì   Tú   Yì   Sān

杏 F **Xìng**   apricot; almond

Ex: ~玲   ~甘   ~美   ~和   ~靓   梅~   仁~
      Líng Gān Měi   Hé   Liàng Méi Rén

幸 **Xìng**   good fortune; well-being; blessing; good luck

Ex: ~梧   ~京   ~英   ~初   钦~   齐~   诚~
      Wú   Jīng Yīng Chū   Qīn   Qí   Chéng

雄 M **Xióng**   1. male 2. grand; imposing 3. powerful; mighty 4. hero

Ex: ~高   ~刚   ~观   ~伟   竞~   健~   亮~
      Gāo Gāng Guān Wěi   Jìng Jiàn Liàng

修 **Xiū**
1. cultivate one's moral character 2. accomplishment; training; mastery

Ex: ～权 ～志 ～心 ～身 ～林 ～梧 ～雄
Quán Zhì Xīn Shēn Lín Wú Xióng

秀 F **Xiù**
1. beautiful; handsome; pretty; graceful; elegant; delicate 2. excellent; first-rate

Ex: ～娴 ～慧 ～虞 ～常 ～琪 ～彬 ～庄
Xián Huì Yú Cháng Qí Bīn Zhuāng

胥 M **Xū**
all; each and every

Ex: ～全 ～成 ～果 ～庆 ～宽 ～琨 ～业
Quán Chéng Guǒ Qìng Kuān Kūn Yè

虚 **Xū**
1. void; emptiness 2. have a mind as open as a valley; be very modest; be extremely open-minded

Ex: ～白 ～清 ～怀 ～然 ～之 ～心 ～勤
Bái Qīng Huái Rán Zhī Xīn Qín

徐 **Xú**
slowly; gently

Ex: ～风 ～来 ～清 ～香 ～兰 ～莲 ～秀
Fēng Lái Qīng Xiāng Lán Lián Xiù

许 **Xǔ**
1. praise; commend 2. promise; permit

Ex: ～远 ～源 ～泰 ～福 ～愉 ～豫 ～庆
Yuǎn Yuán Tài Fú Yú Yú Qìng

旭 M **Xù**
brilliance of the rising sun

Ex: ～阳 ～照 ～光 ～暖 ～华 ～红 ～耀
Yáng Zhào Guāng Nuǎn Huá Hóng Yào

绪 **Xù**
1. order in sequence or arrangement 2. main lines

Ex: ～成 ～立 ～美 ～志 ～达 启～ 开～
Chéng Lì Měi Zhì Dá Qǐ Kāi

续 **Xù**　1. continuous; successive　2. extend

Ex:　～志　～学　～成　～业　～勋　～萱　～添
　　　Zhì　Xué　Chéng　Yè　Xūn　Xuān　Tiān

煦 **Xù**　warm; balmy

Ex:　～春　～丽　～辉　～晖　～亮　～光　～灿
　　　Chūn　Lì　Huī　Huī　Liàng　Guāng　Càn

轩ₘ **Xuān**　1. high; lofty　2. dignified; imposing

Ex:　～梧　～雄　～志　～高　～扬　～伟　～飞
　　　Wú　Xióng　Zhì　Gāo　Yáng　Wěi　Fēi

　　　～达　～如　～豪　～才　昂～　安～　立～
　　　Dá　Rú　Háo　Cái　Áng　Ān　Lì

宣 **Xuān**　declare; announce

Ex:　～志　～展　～耀　～华　～青　～兴　～斐
　　　Zhì　Zhǎn　Yào　Huá　Qīng　Xīng　Fěi

玄 **Xuán**　mysterious; abstruse

Ex:　～禹　～苑　～秀　～庄　～岱　～昌　～杰
　　　Yǔ　Yuàn　Xiù　Zhuāng　Dài　Chāng　Jié

旋 **Xuán**　1. revolve; spin　2. return in triumph

Ex:　惠～　全～　大～　耀～　韶～　华～　殊～
　　　Huì　Quán　Dà　Yào　Sháo　Huá　Shū

选 **Xuǎn**　1. select; choose　2. elect

Ex:　～能　～才　～学　～祚　～菁　～竣　～浩
　　　Néng　Cái　Xué　Zuò　Jīng　Jùn　Hào

绚 **Xuàn**　gorgeous; splendid; magnificent

Ex:　家～　光～　翌～　广～　标～　超～　瑞～
　　　Jiā　Guāng　Yì　Guǎng　Biāo　Chāo　Ruì

120

学 Xué	1. study; learn 2. knowledge; scholar						
Ex:	～华	～文	～勤	～谦	～笈	～奘	～宥
	Huá	Wén	Qín	Qiān	Jí	Zàng	Yòu

雪 Xuě	1. snow 2. bright as snow; pure as snow						
Ex:	～轩	～梅	～莉	～明	～颖	～瑞	～英
	Xuān	Méi	Lì	Míng	Yǐng	Ruì	Yīng

勋 Xūn	1. meritorious 2. merit; achievement; contribution						
Ex:	家～	继～	绍～	维～	永～	奂～	志～
	Jiā	Jì	Shào	Wéi	Yǒng	Huàn	Zhì

循 Xún	follow; abide by						
Ex:	～初	～善	～达	～稼	～靖	～忠	～基
	Chū	Shàn	Dá	Jià	Jìng	Zhōng	Jī

训 Xùn	1. teach; lecture 2. standard; model; example						
Ex:	奉～	庭～	宗～	循～	从～	荐～	知～
	Fèng	Tíng	Zōng	Xún	Cóng	Jiàn	Zhī

迅 Xùn	fast; rapid; swift; speedy						
Ex:	～荪	～发	～隆	～鸿	～克	～生	～利
	Sūn	Fā	Lóng	Hóng	Kè	Shēng	Lì
	～江	～果	～诤	～葆	～文	～培	～明
	Jiāng	Guǒ	Zhèng	Bǎo	Wén	Péi	Míng

雅 F **Yǎ**
1. standard; proper; correct 2. refined; elegant
Ex:
~文	~英	~娟	~珺	~琪	~苓	~洛
Wén	Yīng	Juān	Jùn	Qí	Líng	Luò

亚 **Yà**
1. second 2. Asia
Ex:
~平	~成	~台	~湘	~欣	~津	~玫
Píng	Chéng	Tái	Xiāng	Xīn	Jīn	Méi

殷 **Yān**
blackish red
Ex:
~粟	~实	~硕	~谷	~芒	~秀	~良
Sù	Shí	Shuò	Gǔ	Máng	Xiù	Liáng

嫣 F **Yān**
handsome; beautiful; bright red
Ex:
~红	~莞	~容	~愉	~朗	~颜	~飞
Hóng	Wǎn	Róng	Yú	Lǎng	Yán	Fēi

延 **Yán**
prolong; extend; protract; spread; continue
Ex:
~平	~柱	~甫	~祥	~展	~雄	~亘
Píng	Zhù	Fǔ	Xiáng	Zhǎn	Xióng	Gèn

言 **Yán**
speech; word
Ex:
~行	~忠	~良	~信	~隽	~永	~侃
Xíng	Zhōng	Liáng	Xìn	Jùn	Yǒng	Kǎn

严 **Yán**
strict; severe
Ex:
~真	~度	~奕	~燮	~韦	~捷	~泰
Zhēn	Dù	Yì	Xiè	Wěi	Jié	Tài

妍 F **Yán**   beautiful

Ex:

蓉~	锦~	盼~	钏~	翠~	玉~	眉~
Róng	Jǐn	Pàn	Chuàn	Cuì	Yù	Méi

炎 M **Yán**   scorching; blazing

Ex:

太~	秉~	丕~	集~	兹~	翱~	通~
Tài	Bǐng	Pī	Jí	Zī	Áo	Tōng

岩 **Yán**   rock

Ex:

红~	山~	高~	巍~	刚~	德~	峻~
Hóng	Shān	Gāo	Wēi	Gāng	Dé	Jùn

研 **Yán**   study; research

Ex:

~知	~玄	~恒	~则	~伦	~礼	~文
Zhī	Xuán	Héng	Zé	Lún	Lǐ	Wén

颜 F **Yán**   1. face 2. colour

Ex:

~开	~悦	~愉	~和	~莞	~朗	~蓉
Kāi	Yuè	Yú	Hé	Wǎn	Lǎng	Róng

演 **Yǎn**   develop; evolve; perform; act

Ex:

~孙	~云	~美	~循	~德	~列	~能
Sūn	Yún	Měi	Xún	Dé	Liè	Néng

彦 **Yàn**   a man of virtue and ability

Ex:

文~	~真	~士	~宏	~先	~夏	~方
Wén	Zhēn	Shì	Hóng	Xiān	Xià	Fāng

彬~	敬~	承~	知~	俊~	昌~	伟~
Bīn	Jìng	Chéng	Zhī	Jùn	Chāng	Wěi

晏 **Yàn**   ease and comfort

Ex:

~婉	~姗	~安	~枝	~思	~威	~扬
Wǎn	Shān	Ān	Zhī	Sī	Wēi	Yáng

艳F **Yàn** bright-coloured and beautiful; gorgeous

Ex: ～倩　～珠　～缨　～珊　曼～　冰～　喜～
　　Qiàn　Zhū　Yīng　Shān　Màn　Bīng　Xǐ

焰M **Yàn** flame; blaze

Ex: 如～　光～　慧～　新～　红～　明～　乃～
　　Rú　Guāng　Huì　Xīn　Hóng　Míng　Nǎi

雁 **Yàn** wild goose

Ex: 秋～　群～　美～　沙～　～飞　～鸣　～声
　　Qiū　Qún　Měi　Shā　Fēi　Míng　Shēng

燕F **Yàn** swallow

Ex: ～翔　～琬　～淳　豫～　乐～　飞～　羽～
　　Xiáng　Wǎn　Chún　Yù　Lè　Fēi　Yǔ

阳M **Yáng** 1. the sun 2. the masculine or positive principle in nature

Ex: 晓～　旭～　紫～　东～　耀～　丽～　艳～
　　Xiǎo　Xù　Zǐ　Dōng　Yào　Lì　Yàn

扬 **Yáng** 1. raise 2. spread; make known

Ex: ～华　～彦　～昭　～汉　～夏　～岱　～邵
　　Huá　Yàn　Zhāo　Hàn　Xià　Dài　Shào

洋 **Yáng** 1. vast 2. ocean

Ex: 汪～　广～　洪～　立～　盛～　伟～　远～
　　Wāng　Guǎng　Hóng　Lì　Shèng　Wěi　Yuǎn

仰 **Yǎng** 1. face upward 2. admire; respect; look up

Ex: ～成　～光　～安　～仲　～茂　～世　～基
　　Chéng　Guāng　Ān　Zhòng　Mào　Shì　Jī

养 **Yǎng** 1. support; provide for 2. raise; keep; grow
Ex: ～心 ～锐 ～知 ～生 ～优 ～士 ～丰
Xīn Ruì Zhī Shēng Yōu Shì Fēng

尧 **Yáo** a legendary monarch in ancient China
Ex: 顺～ 继～ 奉～ 敬～ ～政 ～英 ～民
Shùn Jì Fèng Jìng Zhèng Yīng Mín

～卿 ～敏 ～士 ～晖 ～乐 ～圣 ～宗
Qīng Mǐn Shì Huī Lè Shèng Zōng

遥 **Yáo** distant; remote; far away
Ex: ～岳 ～原 ～荒 ～拓 ～图 ～飞 ～骏
Yuè Yuán Yuán Tuò Tú Fēi Jùn

窈 F **Yǎo** (of a woman) gentle and graceful
Ex: ～洋 ～娉 ～嫱 ～倩 ～秀 ～荷 ～曼
Yáng Pīng Qiáng Qiàn Xiù Hé Màn

耀 M **Yào** 1. shine; illuminate; dazzle 2. honour; credit
Ex: 光～ 祖～ 景～ ～邦 ～伦 ～汉 ～华
Guāng Zǔ Jǐng Bāng Lún Hàn Huá

野 **Yě** open country
Ex: ～峰 ～鹤 ～骢 ～峻 ～蒲 ～芒 ～芳
Fēng Hè Cōng Jùn Pú Máng Fāng

业 **Yè** occupation; professional work
Ex: ～霖 ～友 ～千 ～宏 鸿～ 兴～ 成～
Lín Yǒu Qiān Hóng Hóng Xīng Chéng

叶 **Yè** leaf
Ex: ～青 ～群 ～萱 ～茂 ～蓊 ～雯 ～蔚
Qīng Qún Xuān Mào Wěng Wén Wèi

一 **Yī**   1. one 2. whole; all; throughout
Ex: 定~   南~   ~意   ~平   ~心   ~志   ~雄
       Dìng Nán   Yì   Píng   Xīn   Zhì   Xióng

仪 F **Yí**   appearance; bearing; looks
Ex: ~容   ~丰   ~粲   ~华   ~耀   乐~   慕~
       Róng   Fēng   Càn   Huá   Yào   Lè   Mù

夷 **Yí**   smooth; safe
Ex: ~光   ~瑗   ~思   ~薇   ~辛   ~欣   ~苓
       Guāng Yuàn   Sī   Wēi   Xīn   Xīn   Líng

宜 **Yí**   suitable; appropriate; fitting; pleasant; delightful
Ex: ~人   ~悦   ~芯   ~苑   ~珍   ~茵   恒~
       Rén   Yuè   Xīn   Wǎn   Zhēn   Yīn   Héng

怡 F **Yí**   happy; joyful; cheerful; contented
Ex: ~如   ~蓉   ~颜   ~宛   ~真   甘~   恬~
       Rú   Róng   Yán   Wǎn   Zhēn   Gān   Tián

颐 **Yí**   1. check 2. keep fit; take care of oneself
Ex: ~和   ~莞   ~庄   ~春   ~顺   微~   婉~
       Hé   Wǎn   Zhuāng Chūn   Shùn   Wēi   Wǎn

以 **Yǐ**   1. use; take 2. according to 3. because 4. in order to
Ex: ~成   ~天   ~嵩   ~粟   ~勤   ~霖   ~亮
       Chéng   Tiān   Sōng   Sù   Qín   Lín   Liàng

旖 F **Yǐ**   charming and gentle
Ex: ~丽   ~和   ~松   ~莲   ~棣   君~   素~
       Lì   Hé   Sōng   Lián   Dì   Jūn   Sù

义 **Yì** 1. justice; righteousness 2. human ties; relationship 3. meaning; significance

Ex: ～真 ～举 ～封 ～公 ～博 ～成 方～
Zhēn　Jǔ　Fēng　Gōng　Bó　Chéng　Fāng

忆 **Yì** recall; recollect

Ex: ～华 ～民 ～贤 ～群 ～源 ～哲 ～亮
Huá　Mín　Xián　Qún　Yuán　Zhé　Liàng

艺 **Yì** 1. skill 2. art

Ex: ～才 ～人 ～心 ～达 ～炽 多～ 昌～
Cái　Rén　Xīn　Dá　Chì　Duō　Chāng

异 **Yì** 1. different 2. surprise

Ex: ～才 ～驹 ～操 ～珣 ～宽 ～怀 ～英
Cái　Jū　Cāo　Xún　Kuān　Huái　Yīng

诣 **Yì** academic or technical attainments

Ex: ～堂 渊～ 威～ 灵～ 思～ 曼～ 盛～
Táng　Yuān　Wēi　Líng　Sī　Màn　Shèng

易 **Yì** 1. easy 2. amiable

Ex: ～润 ～学 ～工 ～立 ～耀 ～为 ～衡
Rùn　Xué　Gōng　Lì　Yào　Wéi　Héng

奕 **Yì** glowing with health and radiating vitality

Ex: ～诚 ～真 ～良 ～峤 ～尚 ～贤 ～师
Chéng　Zhēn　Liáng　Qiáo　Shàng　Xián　Shī

益 **Yì** 1. benefit; profit; advantage 2. all the more; increase

Ex: ～文 ～礼 ～伦 ～励 ～武 ～增 ～显
Wén　Lǐ　Lún　Lì　Wǔ　Zēng　Xiǎn

谊	Yì	friendship						
	Ex:	~和	~民	~宣	~源	~慕	~曜	~藻
		Hé	Mín	Xuān	Yuán	Mù	Yào	Zǎo

逸	Yì	comfort and pleasure						
	Ex:	~少	~民	~美	趣~	尚~	超~	希~
		Shào	Mín	Měi	Qù	Shàng	Chāo	Xī

溢	Yì	1. overflow; spill 2. excessive; 3. compliment						
	Ex:	~华	~福	~祚	~询	~善	~仁	~德
		Huá	Fú	Zuò	Xún	Shàn	Rén	Dé

意	Yì	1. meaning; idea 2. suggestion; hint; trace						
	Ex:	~石	~信	~骇	~邃	~达	德~	懿~
		Shí	Xìn	Hài	Suì	Dá	Dé	Yì

毅	Yì	1. firm; resolute 2. fortitude; willpower						
	Ex:	万~	培~	桢~	厚~	成~	立~	~辉
		Wàn	Péi	Zhēn	Hòu	Chéng	Lì	Huī
		~果	~贵	~君	~威	~欣	~力	~全
		Guǒ	Guì	Jūn	Wēi	Xīn	Lì	Quán

翼	Yì	1. the wing of a bird 2. assist						
	Ex:	展~	遂~	扬~	巡~	飞~	鹏~	~成
		Zhǎn	Suì	Yáng	Xún	Fēi	Péng	Chéng

音	Yīn	musical sound						
	Ex:	~飞	~婉	~愉	~彬	~恬	~玲	~芸
		Fēi	Wǎn	Yú	Bīn	Tián	Líng	Yún

茵 F	Yīn	a carpet of green grass						
	Ex:	~梦	~宛	~湖	~燕	~豫	青~	幼~
		Mèng	Wǎn	Hú	Yàn	Yù	Qīng	Yòu

荫	Yīn	shade						
	Ex:	～培	～泽	～成	～佑	～广	～厦	～安
		Péi	Zé	Chéng	Yòu	Guǎng	Xià	Ān

殷	Yīn	1. ardent; eager 2. well-off; substantial						
	Ex:	～实	～果	～河	～硕	～蔚	～蓉	～祺
		Shí	Guǒ	Hé	Shuò	Wèi	Róng	Qí

寅	Yín	the period of the day from 3 a.m. to 5 a.m.						
	Ex:	～佐	～逸	～欧	～勇	～雍	～异	～威
		Zuǒ	Yì	Ōu	Yǒng	Yōng	Yì	Wēi

银	Yín	1. silver 2. relating to currency or money						
	Ex:	雅～	～燕	～飞	～辉	～波	～河	～月
		Yǎ	Yàn	Fēi	Huī	Bō	Hé	Yuè

隐	Yǐn	hidden from view; concealed						
	Ex:	～成	～民	～锐	～炫	～吾	～我	～知
		Chéng	Mín	Ruì	Xuàn	Wú	Wǒ	Zhī

印	Yìn	seal; stamp; print; engrave						
	Ex:	～仁	～亨	～辅	～逢	～保	～伯	～厚
		Rén	Hēng	Fǔ	Féng	Bǎo	Bó	Hòu

应	Yīng	1. answer; respond 2. agree; promise 3. should; ought						
	Ex:	～和	～宪	～贤	～喜	～滨	～屏	～霏
		Hé	Xiàn	Xián	Xǐ	Bīn	Píng	Fēi

英	Yīng	1. flower 2. hero 3. wise; brilliant						
	Ex:	～飒	～华	～玉	～本	～禹	～才	～冈
		Sà	Huá	Yù	Běn	Yǔ	Cái	Gāng

莺 F **Yīng**　warbler; oriole

Ex:

飞～	春～	鸣～	彩～	玉～	翠～	妙～
Fēi	Chūn	Míng	Cǎi	Yù	Cuì	Miào

晓～	文～	柳～	君～	～飞	～至	～泉
Xiǎo	Wén	Liǔ	Jūn	Fēi	Zhì	Quán

櫻 F **Yīng**　cherry

Ex:

浣～	沅～	春～	漱～	白～	华～	嫣～
Huàn	Yuán	Chūn	Shù	Bái	Huá	Yān

膺 **Yīng**　1. breast　2. bear; receive

Ex:

～荣	～承	～任	～义	～表	～和	～泉
Róng	Chén	Rèn	Yì	Biǎo	Hé	Quán

鹰 **Yīng**　hawk; eagle

Ex:

～展	～飞	～翔	吉～	雄～	刚～	金～
Zhǎn	Fēi	Xiáng	Jí	Xióng	Gāng	Jīn

迎 F **Yíng**　welcome; receive; facing

Ex:

～紫	～春	～莞	～锦	～玉	～黛	～芳
Zǐ	Chūn	Wǎn	Jǐn	Yù	Dài	Fāng

盈 **Yíng**　surplus; profit; be full of

Ex:

～莞	～朗	～满	～月	～知	～飞	～容
Wǎn	Lǎng	Mǎn	Yuè	Zhī	Fēi	Róng

莹 F **Yíng**　1. jade　2. lustrous and transparent like stone

Ex:

～洁	～光	～玉	～辉	～苔	晶～	通～
Jié	Guāng	Yù	Huī	Tái	Jīng	Tōng

滢 **Yíng**　crystal clear

Ex:

～瑜	～清	～明	～珣	～琳	思～	中～
Yú	Qīng	Míng	Xún	Lín	Sī	Zhōng

颖 Yǐng   clever; bright; intelligent

Ex: 宗~ 思~ 少~ 仲~ 世~ 文~ ~光
　　Zōng　Sī　Shào　Zhòng　Shì　Wén　Guāng

　　~聪 ~玲 ~达 ~通 ~之 ~淇 ~丽
　　Cōng　Líng　Dá　Tōng　Zhī　Qí　Lì

映 Yìng   reflect; shine

Ex: ~真 ~红 ~霞 ~华 ~蓉 ~月 ~晖
　　Zhēn　Hóng　Xiá　Huá　Róng　Yuè　Huī

庸 Yōng   mediocre

Ex: 仁~ 肇~ 颐~ 弘~ 祺~ ~平 ~恒
　　Rén　Zhào　Yí　Hóng　Qí　Píng　Héng

雍 Yōng   elegant and poised

Ex: 元~ 和~ 祥~ 庆~ ~政 ~煌 ~容
　　Yuán　Hé　Xiáng　Qìng　Zhèng　Huáng　Róng

永 Yǒng   perpetually; forever; always

Ex: ~康 ~智 ~年 ~龄 ~真 ~卓 ~超
　　Kāng　Zhì　Nián　Líng　Zhēn　Zhuō　Chāo

勇 M Yǒng   brave; valiant; courageous

Ex: ~元 ~宁 ~成 ~正 ~刚 ~达 ~伦
　　Yuán　Níng　Chéng　Zhèng　Gāng　Dá　Lún

优 Yōu   excellent; high-class; first-rate; outstanding

Ex: ~雅 ~生 ~为 ~先 ~异 ~越 ~良
　　Yǎ　Shēng　Wéi　Xiān　Yì　Yuè　Liáng

友 Yǒu   friend

Ex: ~悦 ~仁 ~谅 ~闻 ~雯 ~恕 ~容
　　Yuè　Rén　Liàng　Wén　Wén　Shù　Róng

有	**Yǒu**	have; possess						
	Ex:	～成	～节	～台	～度	～序	～泰	～宁
		Chéng	Jié	Tái	Dù	Xù	Tài	Níng

幼	**Yòu**	young; immature; naive						
	Ex:	～春	～简	～安	～常	～光	～起	～平
		Chūn	Jiǎn	Ān	Cháng	Guāng	Qǐ	Píng

右	**Yòu**	the right; the right side						
	Ex:	～和	～燮	～玄	～静	～侃	～望	～充
		Hé	Xiè	Xuán	Jìng	Kǎn	Wàng	Chōng

余	**Yú**	surplus; remaining; enough and to spare						
	Ex:	～宗	～俭	～化	～才	～直	～修	～伟
		Zōng	Jiǎn	Huà	Cái	Zhí	Xiū	Wěi

愉	**Yú**	pleased; happy; joyful; cheerful; delighted						
	Ex:	～景	～心	～志	～夏	～亮	～劭	～源
		Jǐng	Xīn	Zhì	Xià	Liàng	Shào	Yuán
		～膺	～礼	元～	梦～	怀～	粲～	如～
		Yīng	Lǐ	Yuán	Mèng	Huái	Càn	Rú

瑜	**Yú**	fine jade						
	Ex:	皓～	君～	韦～	文～	绪～	延～	～宾
		Hào	Jūn	Wěi	Wén	Xù	Yán	Bīn

宇	**Yǔ**	space; universe; world; cosmos						
	Ex:	～生	～平	～盛	～天	～田	～沃	～原
		Shēng	Píng	Shèng	Tiān	Tián	Wò	Yuán

羽	**Yǔ**	feather						
	Ex:	～丰	～润	～华	～满	～成	～佑	展～
		Fēng	Rùn	Huá	Mǎn	Chéng	Yòu	Zhǎn

雨 Yǔ　rain

Ex: ～村　～花　～萍　～岱　～润　～霁　甘～
Cūn　Huā　Píng　Dài　Rùn　Jì　Gān

禹 Yǔ　the reputed founder of the Xia Dynasty

Ex: 承～　慕～　望～　钦～　继～　英～　敬～
Chéng　Mù　Wàng　Qīn　Jì　Yīng　Jìng

玉 Yù　1. jade 2. pure; fair 3. handsome; beautiful

Ex: ～成　～石　～禅　～苗　～玺　晚～　赛～
Chéng　Shí　Shàn　Miáo　Xǐ　Wǎn　Sài

郁 Yù　strongly fragrant

Ex: ～浓　～香　～瑞　～乡　～苓　飒～　洒～
Nóng　Xiāng　Ruì　Xiāng　Xiāng　Sà　Sǎ

域 Yù　1. land within certain boundaries; territory; region 2. field

Ex: 正～　望～　祥～　康～　方～　椿～　庆～
Zhèng　Wàng　Xiáng　Kāng　Fāng　Chūn　Qìng

裕 Yù　abundant; plentiful

Ex: ～之　～胜　～延　～春　～舒　～华　长～
Zhī　Shèng　Yán　Chūn　Shū　Huá　Cháng

誉 Yù　reputation; fame

Ex: 美～　高～　斌～　立～　隆～　贺～　德～
Měi　Gāo　Bīn　Lì　Lóng　Hè　Dé

渊 Yuān　1. broad and profound 2. deep; erudite

Ex: 知～　博～　慈～　瑀～　皓～　～修　～亮
Zhī　Bó　Cí　Yǔ　Hào　Xiū　Liàng

133

元	Yuán	1. first; primary 2. chief; principal 3. basic; fundamental

Ex: ～叔 ～伯 ～流 ～礼 ～才 ～节 ～伟
　　Shū　Bó　Liú　Lǐ　Cái　Jié　Wěi

原	Yuán	primary; original; former

Ex: ～立 ～隽 ～骏 ～钧 ～举 ～昌 ～盛
　　Lì　Jùn　Jùn　Jūn　Jǔ　Chāng　Shèng

圆	Yuán	1. round; circular 2. satisfactory

Ex: ～通 ～全 ～健 ～壮 ～朗 ～隽 ～润
　　Tōng　Quán　Jiàn　Zhuàng　Lǎng　Jùn　Rùn

源	Yuán	1. source; fountainhead 2. continuously

Ex: 金～ 满～ 霖～ 亮～ 良～ 弥～ 绵～
　　Jīn　Mǎn　Lín　Liàng　Liáng　Mí　Mián

缘	Yuán	1. reason 2. predestined relationship

Ex: 韶～ 佳～ 澍～ 天～ 恬～ 丽～ 广～
　　Sháo　Jiā　Shù　Tiān　Tián　Lì　Guǎng

　　永～ 方～ 玉～ 长～ 吉～ 兆～ 美～
　　Yǒng　Fāng　Yù　Cháng　Jí　Zhào　Měi

远	Yuǎn	far; distant; remote; long-range

Ex: ～才 ～腾 ～志 ～图 ～翔 ～飞 ～高
　　Cái　Téng　Zhì　Tú　Xiáng　Fēi　Gāo

愿	Yuàn	wish; desire; aspiration

Ex: ～鉴 ～谏 ～培 ～沛 ～世 ～仁 ～庶
　　Jiàn　Jiàn　Péi　Pèi　Shì　Rén　Shù

月	Yuè	the moon

Ex: ～飞 ～盈 ～华 巧～ 明～ 姣～ 皓～
　　Fēi　Yíng　Huá　Qiǎo　Míng　Jiǎo　Hào

岳 **Yuè** high mountain
Ex: ～安 ～衡 ～群 ～恒 ～贤 ～廉 ～文
Ān Héng Qún Héng Xián Lián Wén

悦 **Yuè** happy; pleased; delighted
Ex: 诚～ 笃～ 可～ 长～ ～灵 ～明 ～敏
Chéng Dǔ Kě Cháng Líng Míng Mǐn

～英 ～兰 ～新 ～人 ～君 ～对 ～群
Yīng Lán Xīn Rén Jūn Shí Qún

越 **Yuè** get over; exceed; overstep
Ex: ～山 ～捷 ～伟 ～度 永～ 英～ 秉～
Shān Jié Wěi Dù Yǒng Yīng Bǐng

云 **Yún** cloud
Ex: 庆～ ～康 ～蕃 ～绍 ～良 ～泰 ～朗
Qìng Kāng Fān Shào Liáng Tài Lǎng

芸 **Yún** all living things; all mortal beings
Ex: 攻～ 树～ 济～ 泽～ 哲～ ～莲 ～菱
Gōng Shù Jì Zé Zhé Lián Líng

耘 **Yún** weed
Ex: 翌～ 乐～ 祥～ 进～ 笔～ 思～ 哲～
Yì Lè Xiáng Jìn Bǐ Sī Zhé

允 **Yǔn** 1. permit; allow 2. fair; just
Ex: ～南 ～志 ～恭 ～周 ～诚 ～信 ～当
Nán Zhì Gōng Zhōu Chéng Xìn Dāng

运 **Yùn** 1. motion; movement 2. fortune; luck; fate
Ex: ～雄 ～华 ～贤 ～才 昌～ 尧～ 永～
Xióng Huá Xián Cái Chāng Yáo Yǒng

135

再 Zài another time; again; once more

Ex: ～润 ～谊 ～奕 ～坤 ～炎 ～铭 ～祯
Rùn　Yì　Yì　Kūn　Yàn　Míng　Zhēn

在 Zài exist; be living

Ex: ～卢 ～谷 ～中 ～硕 ～思 ～荣 ～勋
Lú　Gǔ　Zhōng　Shuò　Sī　Róng　Xūn

赞 Zàn 1. support; favour; assist; agree with 2. praise; commend

Ex: 宣～ 绪～ 启～ 胥～ 纪～ 倪～ 贺～
Xuān　Xù　Qǐ　Xū　Jì　Ní　Hè

则 Zé standard; rule; regulation

Ex: ～平 ～丹 ～东 ～本 ～生 ～同 ～先
Píng　Dān　Dōng　Běn　Shēng　Tóng　Xiān

泽 Zé 1. moist 2. gloss; colour and lustre

Ex: ～玲 ～惠 ～霖 ～明 ～民 润～ 永～
Líng　Huì　Lín　Míng　Mín　Rùn　Yǒng

责 Zé 1. duty; responsibility 2. demand; require

Ex: ～成 ～宪 ～笃 ～操 ～穆 ～耘 ～淦
Chéng　Xiàn　Dǔ　Cāo　Mù　Yún　Gàn

增 Zēng increase; gain; add

Ex: 绥～ 祥～ ～黍 ～祐 ～辉 ～甫 ～裕
Suí　Xiáng　Shǔ　Yòu　Huī　Fǔ　Yù

展 **Zhǎn** spread the wings; get ready for flight; look into the distance

Ex: 文~ 鸿~ 鹏~ ~雄 ~志 ~图 ~怀
Wén Hóng Péng Xióng Zhì Tú Huái

章 ₘ **Zhāng** 1. article; chapter; section 2. rule

Ex: 文~ 玉~ 翰~ 明~ 贤~ 奕~ 鸿~
Wén Yù Hàn Míng Xián Yì Hóng

璋 ₘ **Zhāng** a jade tablet

Ex: 瑞~ 端~ 玄~ 萱~ 学~ 智~ 敏~
Ruì Duān Xuán Xuān Xué Zhì Mǐn

朝 **Zhāo** early morning; spirit; vigour

Ex: 熙~ 辰~ 思~ 英~ 建~ 旭~ 光~
Xī Chén Sī Yīng Jiàn Xù Guāng

昭 **Zhāo** clear; obvious

Ex: ~明 ~扬 ~洋 ~煌 ~昶 ~永 ~春
Míng Yáng Yáng Huáng Chǎng Yǒng Chūn

兆 **Zhào** 1. sign; omen; portent 2. billion

Ex: 瑞~ 广~ 德~ 贺~ 贵~ 隆~ 筠~
Ruì Guǎng Dé Hè Guì Lóng Yún

照 **Zhào** shine; light up; illuminate

Ex: 以~ 高~ 幸~ 通~ 凌~ ~明 ~晖
Yǐ Gāo Xìng Tōng Líng Míng Huī

肇 ₘ **Zhào** start; commence; initiate

Ex: ~成 ~昌 ~祥 ~福 ~裕 ~善 ~良
Chéng Chāng Xiáng Fú Yù Shàn Liáng

哲 Zhé 1. wise 2. sage; philosopher

Ex:

俊~	钦~	乃~	睿~	闰~	~民	~之
Jùn	Qīn	Nǎi	Ruì	Rùn	Mín	Zhī

珍 Zhēn 1. treasure; precious; valuable; 2. love dearly

Ex:

宝~	琦~	晶~	莹~	华~	~贝	~慰
Bǎo	Qí	Jīng	Yíng	Huá	Bèi	Wèi

祯 Zhēn auspicious; propitious

Ex:

~祥	~琳	泰~	惠~	鸿~	瑞~	吉~
Xiáng	Lín	Tài	Huì	Hóng	Ruì	Jí

桢 Zhēn hardwood

Ex:

启~	宜~	贺~	超~	奇~	博~	春~
Qǐ	Yí	Hè	Chāo	Qí	Bó	Chūn

真 Zhēn true; real; genuine

Ex:

毓~	赛~	桂~	蜀~	又~	嘉~	珮~
Yù	Sài	Guì	Shǔ	Yòu	Jiā	Pèi

~荣	~如	~元	~奕	~绮	~萱	~知
Róng	Rú	Yuán	Yì	Qǐ	Xuān	Zhi

臻 Zhēn attain a high level

Ex:

~美	~全	~洋	~广	~绥	~彦	~鸿
Měi	Quán	Yáng	Guǎng	Suí	Yàn	Hóng

振 Zhèn rouse oneself; develop vigorously

Ex:

~翼	~霄	~球	~宇	~邦	~声	~扬
Yì	Xiāo	Qiú	Yǔ	Bāng	Shēng	Yáng

震 M Zhèn shake; shock; vibrate

Ex:

雷~	光~	~穹	~黍	~宇	~寰	~球
Léi	Guāng	Qióng	Shǔ	Yǔ	Huán	Qiú

镇 Zhèn — calm; cool; show composure and presence

Ex: 国~ 荣~ ~涛 ~城 ~道 ~宙 ~刚
Guó Róng Tāo Chéng Dào Zhòu Gāng

正 Zhēng — straight; upright; honest; aboveboard

Ex: 中~ 衡~ ~叔 ~明 ~南 ~平 ~礼
Zhōng Héng Shū Míng Nán Píng Lǐ

铮 Zhēng — clank; clang

Ex: 又~ 美~ 婉~ 琦~ 华~ 铭~ 彬~
Yòu Měi Wǎn Qí Huá Míng Bīn

政 Zhèng — politics

Ex: ~和 ~广 ~遂 ~昌 ~顺 ~明 ~绥
Hé Guǎng Suì Chāng Shùn Míng Suí

之 Zhī — a substitute for 'person' or 'thing' and used in the objective case

Ex: 然~ 蔓~ 慕~ 悦~ 翔~ 佩~ 仰~
Rán Màn Mù Yuè Xiáng Pèi Yǎng

芝 F Zhī — irises and orchids

Ex: ~兰 ~芳 ~蕙 ~华 荃~ 琼~ 景~
Lán Fāng Huì Huá Quán Qióng Jǐng

知 Zhī — 1. know; realize; be aware of 2. knowledge

Ex: ~慎 ~彬 ~勉 ~恩 ~训 ~悟 ~省
Shèn Bīn Miǎn Ēn Xùn Wù Xǐng

直 Zhí — 1. straight; vertical 2. just; upright 3. frank; straightforward

Ex: 述~ 正~ 挺~ ~峰 ~广 ~中 ~理
Shù Zhèng Tǐng Fēng Guǎng Zhōng Lǐ

志 Zhì　　1. will; aspiration; ideal 2. keep in mind

Ex:　壮~　　遂~　　~铄　　~文　　~明　　~炜　　~侠
　　　Zhuàng　Suì　　Shuò　　Wén　　Míng　　Wěi　　Xiá

治 Zhì　　rule; govern; administer; manage

Ex:　~中　　~华　　~汉　　~棠　　~蜀　　文~　　长~
　　　Zhōng　Huá　　Hàn　　Táng　　Shǔ　　Wén　　Cháng

质 Zhì　　nature; charactar

Ex:　~重　　~仲　　~承　　~甫　　~坚　　~昌　　~康
　　　Zhòng　Zhòng　Chéng　Fǔ　　Jiān　　Chāng　Kāng

致 Zhì　　send; extend; deliver

Ex:　~中　　~宾　　~嘉　　~浩　　~棠　　~轩　　~舫
　　　Zhōng　Bīn　　Jiā　　Hào　　Táng　　Xuān　　Fǎng

挚 Zhì　　sincere; earnest

Ex:　~迪　　~诚　　~淳　　~亮　　~昭　　~宽　　~奕
　　　Dí　　Chéng　Chún　　Liàng　Zhāo　　Kuān　　Yì

　　　~殷　　~真　　~宜　　长~　　晴~　　永~　　友~
　　　Yīn　　Zhēn　　Yí　　Cháng　Qíng　　Yǒng　　Yǒu

智 Zhì　　wisdom; intelligence

Ex:　~瑜　　~喜　　~衡　　~恒　　~泉　　~洪　　~亮
　　　Yú　　Xǐ　　Héng　　Héng　　Quán　　Hóng　　Liàng

稚 Zhì　　1. child 2. childish; young

Ex:　~瑛　　~游　　~珪　　~通　　~卿　　~川　　~裴
　　　Yīng　　Yóu　　Guī　　Tōng　　Qīng　　Chuān　Péi

中 Zhōng　　1. centre; middle 2. China

Ex:　思~　　识~　　~令　　~初　　~曼　　~茂　　~巨
　　　Sī　　Shí　　Lìng　　Chū　　Màn　　Mào　　Jù

忠 **Zhōng** loyal; devoted; honest; faithful; true

Ex:

维～	伟～	威～	世～	永～	长～	玄～
Wéi	Wěi	Wēi	Shì	Yǒng	Cháng	Xuán

仲 **Zhòng** second in order of birth

Ex:

～明	～宾	～民	～倩	～彦	～孔	～景
Míng	Bīn	Mín	Qiàn	Yàn	Kǒng	Jǐng

重 **Zhòng** 1. weight 2. heavy; important; great; major

Ex:

～平	～全	～梧	～志	～知	～则	～实
Píng	Quán	Wú	Zhì	Zhī	Zé	Shí

舟 **Zhōu** boat

Ex:

仙～	靖～	顺～	平～	裕～	方～	晓～
Xiān	Jìng	Shùn	Píng	Yù	Fāng	Xiǎo

洲 **Zhōu** continent

Ex:

岚～	荪～	沙～	韶～	瑞～	禄～	绿～
Lán	Sūn	Shā	Sháo	Ruì	Lù	Lǜ

澍～	雨～	惠～	逸～	花～	芳～	东～
Shù	Yǔ	Huì	Yì	Huā	Fāng	Dōng

宙 **Zhòu** space; universe; world; cosmos

Ex:

～风	～云	～度	～兹	震～	振～	镇～
Fēng	Yún	Dù	Zī	Zhèn	Zhèn	Zhèn

珠 F **Zhū** pearl; jewel

Ex:

丽～	瑞～	睿～	～遂	～心	～慈	～惠
Lì	Ruì	Ruì	Suì	Xīn	Cí	Huì

竹 **Zhú** bamboo

Ex:

～林	～溪	～青	～坚	～贞	～芳	清～
Lín	Xī	Qīng	Jiān	Zhēn	Fāng	Qīng

主 Zhǔ 1. host 2. main; primary

Ex: ～壬 ～葵 ～夏 ～华 ～淳 ～涛 ～坚
Rèn　Kuí　Xià　Huá　Chún　Tāo　Jiān

助 Zhù help; assist; aid

Ex: 福～ 天～ 立～ 友～ 连～ 力～ 善～
Fú　Tiān　Lì　Yǒu　Lián　Lì　Shàn

祝 Zhù express good wishes; congratulate

Ex: ～恒 ～壮 ～善 ～钧 ～颂 ～杰 ～鸿
Héng　Zhuàng　Shàn　Jūn　Sòng　Jié　Hóng

柱 M Zhù 1. post; pillar; column 2. upright

Ex: 国～ 家～ 宗～ 汉～ 鼎～ ～材 ～梁
Guó　Jiā　Zōng　Hàn　Dǐng　Cái　Liáng

铸 Zhù casting; founding

Ex: ～宇 ～捷 ～功 ～勋 ～昌 ～孚 ～阜
Yǔ　Jié　Gōng　Xūn　Chāng　Fú　Fù

专 Zhuān 1. focused on one thing; special; 2. expert

Ex: 学～ 咸～ 钧～ 秉～ 博～ 达～ 瑞～
Xué　Xián　Jūn　Bǐng　Bó　Dá　Ruì

庄 Zhuāng 1. serious; grave 2. manor

Ex: 谐～ 素～ 寅～ 崇～ ～启 ～由 ～卿
Xié　Sù　Yín　Chóng　Qǐ　Yóu　Qīng

宇～ 伟～ 明～ 绍～ 坦～ 平～ 凌～
Yǔ　Wěi　Míng　Shào　Tǎn　Píng　Líng

壮 M Zhuàng 1. strong; robust 2. grow in strength

Ex: ～云 ～田 ～理 ～羽 ～怀 ～容 ～思
Yún　Tián　Lǐ　Yǔ　Huái　Róng　Sī

142

卓	**Zhuō**	1. tall and erect 2. stand upright 3. outstanding; brilliant

Ex:

~见	~凡	~常	~才	~智	~然	~之
Jiàn	Fán	Cháng	Cái	Zhì	Rán	Zhī

灼	**Zhuó**	bright; luminous

Ex:

~知	~资	~明	~慧	~异	~奕	~辉
Zhī	Zī	Míng	Huì	Yì	Yì	Huī

茁	**Zhuó**	healthy and strong

Ex:

~壮	~盛	~生	~茂	~葳	~萌	~荣
Zhuāng	Shèng	Shēng	Mào	Wēi	Méng	Róng

孜	**Zī**	diligent; industrious; hardworking

Ex:

~勤	~玄	~贤	~祺	~裕	~杰	~进
Qín	Xuán	Xián	Qí	Yù	Jié	Jìn

姿 F	**Zī**	looks; appearance

Ex:

静~	绰~	丰~	凤~	采~	玉~	美~
Jìng	Chuò	Fēng	Fèng	Cǎi	Yù	Měi

资	**Zī**	endowment; natural ability

Ex:

~颖	~慧	~赋	~厚	~融	~亮	~芸
Yǐng	Huì	Fù	Hòu	Róng	Liàng	Yún

~约	~田	~瑜	~生	灼~	文~	可~
Yuè	Tián	Yú	Shēng	Zhuó	Wén	Kě

紫	**Zǐ**	purple; violet

Ex:

~成	~全	~金	~壮	~阳	~霞	~东
Chéng	Quán	Jīn	Zhuàng	Yáng	Xiá	Dōng

子	**Zǐ**	1. son; child 2. person; male person

Ex:

~中	~仲	~牙	~玉	~云	~余	~夏
Zhōng	Zhòng	Yá	Yù	Yún	Yú	Xià

143

琢	Zuó	1. chisel; carve 2. improve; polish; refine						
	Ex:	~玉	~思	~颖	~琪	~景	~器	~超
		Yù	Sī	Yǐng	Qí	Jǐng	Qì	Chāo

宗	Zōng	ancestor; model; principal aim						
	Ex:	~文	~祥	~瑞	~棠	~麟	成~	鼎~
		Wén	Xiáng	Ruì	Táng	Lín	Chéng	Dǐng

棕	Zōng	palm						
	Ex:	~美	~园	~盛	~华	~庆	茂~	丰~
		Měi	Yuán	Shèng	Huá	Qìng	Mào	Fēng

祖	Zǔ	the earliest ancestor						
	Ex:	~尧	~康	~平	~继	~海	~源	~明
		Yáo	Kāng	Píng	Jì	Hǎi	Yuán	Míng

左	Zuǒ	the left; the left side						
	Ex:	~经	~武	~伟	~愚	~俊	~粹	~枢
		Jīng	Wǔ	Wěi	Yú	Jùn	Cuì	Shū

佐	Zuǒ	assist						
	Ex:	~鸿	~寅	~进	~化	~友	~民	~同
		Hóng	Yín	Jìn	Huà	Yǒu	Mín	Tóng
		~夏	~任	~华	~扬	~廷	~惠	~望
		Xià	Rèn	Huá	Yáng	Tíng	Huì	Wàng

YOUR NAME
AND YOUR ANIMAL SIGN

In the western school of astrology the twelve animals or symbols correspond to the twelve constellations of the zodiac and each of these rules a period of roughly one month. In the Chinese system, too, there are twelve animals, but each is assigned to one complete year. The twelve animals in turn form a twelve-year cycle. The Chinese astrology which centres around the moon has a history dating as far back as the 16th century B.C.

According to a legend, when heaven and earth were first created, Buddha one day summoned all the animals to come before him but only twelve among the tens of thousands of species responded. As a reward for their obedience, Buddha named a year after each of the animals according to the order of their arrival and they formed the twelve animal signs which are also known as the twelve celestial stems.

The lineup of the animals and the years (from 1900 to 1995) they are assigned to are as follows:

Rat	1912	1924	1936	1948	1960	1972	1984	1996
Ox	1913	1925	1937	1949	1961	1973	1985	1997
Tiger	1914	1926	1938	1950	1962	1974	1986	1998
Hare	1915	1927	1939	1951	1963	1975	1987	1999
Dragon	1916	1928	1940	1952	1964	1976	1988	2000
Snake	1917	1929	1941	1953	1965	1977	1989	2001
Horse	1918	1930	1942	1954	1966	1978	1990	2002
Goat	1919	1931	1943	1955	1967	1979	1991	2003
Monkey	1920	1932	1944	1956	1968	1980	1992	2004
Cock	1921	1933	1945	1957	1969	1981	1993	2005
Dog	1922	1934	1946	1958	1970	1982	1994	2006
Pig	1923	1935	1947	1959	1971	1983	1995	2007

As each animal has its own characteristics, the Chinese believe that the animal influences the fate and personality of the person born in the year it is assigned to.

As such, a name, being so much a part of a person, should be chosen according to the characteristics of his animal sign. Names with certain radicals that are compatible with the person's basic qualities pertaining to his animal sign, are preferred.

Year of the Rat

A person born in the night in the Year of the Rat is bold and daring but if the birth takes place in the daytime, he is very timid like the rat which takes to hiding in the daytime. He is optimistic and open, liked by people and is willing to help. He is never discouraged no matter how difficult the situation is.

What should be the names for those born in the year of the Rat? The names should preferably have the radicals 人 (man), 入 (entry), 宀 (roof), 冖 (cover), for example, 合 He, 全 Quan, 今 Jin, 仑 Lun, 宇 Yu, 安 An, 宏 Hong, 实 Shi, 冠 Guan, 军 Jun, etc. because words with these radicals usually mean shelter and storage. This is for the Rat to hide itself. Words with the radicals 米 (rice), 豆 (beans), 鱼 (fish), 艹 (grass), 金 (gold), 木 (wood), 月 (moon), and 田 (field) are also suitable.

Year of the Ox

A person born in the day in the Year of the Ox is destined to toil and sweat for a living, but if born at night, he is destined to live in comfort. The reason is that when the Ox retires in the evening, he is given plenty of fodder and left to chew the cud leisurely. He is never defeated, believes in honour and is full of self-respect. He is someone who can do a lot of work. Before he plunges into action, he considers all the options.

Those born in the year of the Ox, should take names with the (water) radical, for example, 清 Qing, 济 Ji, 洁 Jie, 润 Run etc. because the Ox is most comfortable and happy in the water. Other suitable words are those with radicals like 米 (rice), 豆 (bean), 艹 (grass), 金 (gold), 玉 (jade), and 木 (wood).

Year of the Tiger

A person born in the Year of the Tiger is believed to be ferocious. He is even worse if he is born after dusk for it is then the animal leaves its den to prowl for its victims. He is fierce and strong, independent, and thinks highly of himself. He lives a life full of activities and is an eventual victor.

Those born in the year of the Tiger should take names with the radical 山 meaning mountain, for example, 岚 Lan, 岳 Yue, 岱 Dai, 岸 An, 岗 Gang, 岩 Yan, 峇 Ba, etc. because the tiger is the king of the mountain. Other words with the radicals 衤 (cloth), 金 (gold), 木 (wood), 氵 (water), 月 (moon), 犭 (animal) and 马 (horse) are also preferred.

Year of the Hare

A person born in the Year of the Hare is moderate in everything. He is neither too good nor too bad, neither too rich nor too poor, moderately talented, and belongs to the middle class. He is rather gentle, speaks well and never offends people. Therefore, he has many friends.

Those who are born in the Year of the Hare should choose a name that comes with the radical 月 (moon), for example, 朋 Peng, 能 Neng, 育 Yu, 肯 Ken, 鹏 Peng 朝 Chao, etc. It is because legend has it that there is a hare on the moon. In fact, the moon is symbolized by a jade hare. Other suitable words are those with radicals like ⺾ (grass), 山 (mountain), 田 (field), 亻 (man), 禾 (grain), 木 (wood), 宀 (cover), 金 (gold), 白 (whiteness), 玉 (jade), 豆 (bean) and 犭 (animal).

Year of the Dragon

This is the most auspicious year. If a person is born in the Year of the Dragon, he has the world at his command – riches, luck, power, longevity and perhaps a harem. He is also a dreamer, but he is full of enthusiasm and energy in working towards a goal.

Those born in the Year of the Dragon should take names which have the radical 氵 (water), for example, 汪 Wang, 法 Fa, 泽 Ze, 波 Bo, 洋 Yang, 深 Shen because the dragon king is a god of water in China. It is also appropriate to take the radical 月 (moon) because it is believed that the dragon has the ability to rush upward to the sky. Words like 期 Qi, 朝 Chao, 膺 Ying, 胤 Yin, 朗 Lang, 胜 Sheng etc. are therefore suitable names. Those with radicals like 金 (gold), 玉 (jade), 白 (whiteness), 赤 (redness), 亻 (man), 鱼 (fish) and 酉 (wine) are considered compatible with the Dragon people, too.

Year of the Snake

The Year of the Snake is also auspicious because this reptile is usually associated with the Dragon. There were dragon and snake temples in China. Even in Penang, there is a Snake Temple. There are others who abhor the "Snake-Year" person as there is a Cantonese axiom that states: "A person with a snake-head and rat's eyes is treacherous."

A person born in this year has unusual talent and wisdom, a fighting spirit, and he never gives up. Therefore, Snake people are normally successful.

Snake people must try to get names with the radical 艹 (grass), such as 花 Hua, 茂 Mao, 苗 Miao, 共 Gong, 蔼 Ai, 蔓 Man, etc. because a snake hides itself among the grass which is the safest for this reptile. Other choices are words with the radicals 禾 (grain) and 田 (field), for example, 秀 Xiu, 和 He, 秉 Bing, 香 Xiang, 申 Shen, 备 Bei, 思 Si, 留 Liu, etc., because it is in the grain field that the snake finds its food. Words with the radicals 虫 (insect), 豆 (bean), 鱼 (fish), 酉 (wine), 木 (wood), 月 (moon), 土 (earth), 金 (gold) and 玉 (jade) are also appropriate for the Snake people.

Year of the Horse

A person born in the Year of the Horse is destined to a hard life, hustling here and bustling there. If the birth occurs at night, the person leads a more settled and comfortable life. He is broad-minded and easy to get along with. But his shortcoming is that he lacks perseverance. He does not keep secrets and has a tendency to be irresponsible.

Those born in the Year of the Horse should take names with the 艹 (grass) or 禾 (grain) radicals for these make up the main diet for the horse, for example, 芳 Fang, 芸 Yun, 艺 Yi, 英 Ying, 季 Ji, 秋 Qiu, 颖 Ying, 穗 Sui, etc. Also often chosen are names with the radicals 木 (wood), 玉 (jade), 虫 (insect), 豆 (bean), 米 (rice), 亻 (man), 月 (moon), 土 (earth) and 才 (ability).

Year of the Goat

A person born in the Year of the Goat is good-natured. He is an ideal companion in the conjugal life. The goat is the emblem of a peaceful retiring life in old age, while the kid is the symbol of filial love, for it kneels in veneration when taking its mother's milk. A Goat person has self-motivation and is fond of social life. He is patient and has an elegant appearance.

The Goat people should adopt names which have 禾 (grain) and ⺿ (grass) radicals such as 蓉 Rong, 莲 Lian, 苹 Ping, 菊 Ju, 稷 Ji, 秦 Qin, 科 Ke, 程 Cheng etc. because grain and grass are obviously the staple food of goats. Names with the radicals 金 (gold), 白 (whiteness), 玉 (jade), 月 (moon), 田 (field), 豆 (bean), 米 (rice), 马 (horse), 木 (wood), 亻 (man) and 鱼 (fish) may be considered too.

Year of the Monkey

A person born in the Year of the Monkey is fickle-minded and very often easily irritated. He is mischievous, cunning and highly susceptible to flattery. He has leadership qualities. His ability is seen by all and attracts attention. He is healthy, bright but dishonest.

Monkey people should take names which have a 木 (tree) radical because a monkey hides itself amidst the woods, e.g. 林 Lin, 果 Guo, 栋 Dong, 杰 Jie, etc. Other names with radicals like 禾 (grain), 豆 (bean), 米 (rice), 氵 (water), 田 (field), 亻 (man), 山 (mountain), 月 (moon) and 金 (gold) are also appropriate.

Year of the Cock

A person born in the daytime in the Year of the Cock is proud, reassuring and full of confidence. A person born at night, the time for roosting, is tame and submissive, and is liable to be browbeaten. He is

150

a systematic worker, enthusiastic and thorough. He is tactful towards others and is fond of dressing himself up. He would make a good prophet.

Those born in the Year of the Cock should adopt names with the radicals 米 (rice), 豆 (bean) and 虫 (insect) for these are the favourite food of the cock. They are: 粟 Su, 粹 Cui, 精 Jing, 粤 Yue, 登 Deng, 竖 Shu, 禹 Yu, 融 Rong, etc. Recommended are other names with radicals like 木 (wood), 禾 (grain). 金 (jade), 田 (field), 月 (moon), 入 (entry), 冖 (cover), 山 (mountain), 日 (sun) and 钅 (gold).

Year of the Dog

A person born at night in the Year of the Dog is destined to sweat and slog like the poor dog keeping night watches whilst others are in sweet slumber. But a person born in the day is fairly well provided for. He is loyal, clever and intuitive, and often does extraordinary things.

Those born in the Year of the Dog should choose names with the radical 亻 (man), for example, 华 Hua, 伟 Wei, 仲 Zhong, 伦 Lun, 仁 Ren, 作 Zuo, etc., because the dog is man's best friend. When they are together, both parties feel safe and they like each other's company. Other appropriate names are those with the radicals 入 (entry), 冖 (cover), 马 (horse), 鱼 (fish), 豆 (bean), 米 (rice), 金 (gold), 玉 (jade), 艹 (grass), 田 (field), 木 (wood), 禾 (grain), 月 (moon) and 氵 (water).

Year of the Pig

A person born in the Year of the Pig is a spendthrift, for he eats too much. He is devoid of intelligence and spends more than he earns. Like the "Pig Spirit" in the famous Chinese novel entitled *The Western Journey*, he is lustful and easily tempted by the fair sex. Yet he is confident, and does what he believes is right. He is slightly selfish but has leadership qualities.

Pig people are advised to choose names with radicals like 米 (rice), 艹 (grass) and 豆 (bean), for example, 类 Lei, 精 Jing, 粹 Cui, 粉 Fen, 藩 Fan, 蕾 Lei, 菁 Jing, etc., as these are food for the pig. Other characters with the radicals 鱼 (fish), 氵 (water), 金 (gold), 玉 (jade), 月 (moon), 木 (wood), 亻 (man), 山 (mountain), 土 (earth) are also preferred.

The above notes are based on Chinese records on astrology. Since historical times, Man has been awed by the ever-moving constellations that produce certain order and regularity as can be seen in the movement of the wind and clouds, the flow and ebb of the tides. Is there any scientific basis to explain the relations between the lunar animal signs and the Chinese names? This is for the reader to find out for himself.

CHINESE EQUIVALENTS OF ENGLISH NAMES

Aaron_M	安荣 Ān Róng	安禄 Ān Lù	亚伦 Yà Lún	雅伦 Yǎ Lún	蔼伦 Ǎi Lún
Abe_M **Abel**_M	安培 Ān Péi	恩倍 Ēn Bèi	亚北 Yà Běi	安贝 Ān Bèi	本禄 Běn Lù
Abraham_M	伯翰 Bó Hàn	北汉 Běi Hàn	雅函 Yǎ Hán	国汉 Guó Hàn	本豪 Běn Háo
Absalom_M	赛龙 Sài Lóng	飒容 Sà Róng	桑农 Sāng Nóng	森伦 Sēn Lún	山隆 Shān Lóng
Ada_F	燕达 Yàn Dá	雅黛 Yǎ Dài	嫣德 Yān Dé	爱黛 Ài Dài	安黛 Ān Dài
Adam_M	安登 Ān Dēng	安道 Ān Dào	安当 Ān Dāng	雅典 Yǎ Diǎn	雅达 Yǎ Dá
Adela_F	德娜 Dé Nà	爱黛 Ài Dài	婀娜 Ē Nà	雅黛 Yǎ Dài	爱兰 Ài Lán
Adelaide_F	懿德 Yì Dé	依德 Yī Dé	雅德 Yǎ Dé	德岚 Dé Lán	安兰 Ān Lán
Adele_F **Adeline**_F	德琳 Dé Lín	迪苓 Dí Líng	德龄 Dé Líng	爱玲 Ài Líng	安宁 Ān Níng
Adolf_M **Adolphus**_M	安道 Ān Dào	道夫 Dào Fū	东福 Dōng Fú	道富 Dào Fù	敦福 Dūn Fú

AdrianM	礼安 Lǐ Ān	德礼 Dé Lǐ	乐安 Lè Ān	安俊 Ān Jùn	安顺 Ān Shùn
AgathaF	雅嘉 Yǎ Jiā	雅佳 Yǎ Jiā	佳珊 Jiā Shān	家德 Jiā Dé	康达 Kāng Dá
AgnesF	乃斯 Nǎi Sī	耐思 Nài Sī	爱丽 Ài Lì	艾南 Ài Nán	旎诗 Nǐ Shī
AlanM	亚伦 Yà Lún	爱伦 Ài Lún	雅人 Yǎ Rén	和润 Hé Rùn	安然 Ān Rán
AlbertM	安博 Ān Bó	恩保 Ēn Bǎo	安宝 Ān Bǎo	安柏 Ān Bò	安邦 Ān Bāng
AlbinM **Alden**M **Aldous**M	海度 Hái Dù	安端 Ān Duān	恩笃 Ēn Dǔ	耀端 Yào Duān	安笃 Ān Dǔ
AlecM **Alex**M	乐思 Lè Sī	磊士 Lěi Shì	雷石 Léi Shí	垒时 Lěi Shí	乐诗 Lè Shī
AleneF **Aline**F	爱琳 Ài Lín	蔼玲 Ǎi Líng	瑗林 Ài Lín	媛霖 Ài Lín	艾苓 Ài Líng
AlexanderM	立达 Lì Dá	安德 Ān Dé	尚德 Shàng Dá	尚达 Shàng Dá	山登 Shān Dēng
AlexandraF	丽珊 Lì Shān	莉莎 Lì Shā	雅丽 Yǎ Lì	立珊 Lì Shān	少兰 Shào Lán
AlexisM	乐思 Lè Sī	磊翕 Lěi Xī	安立 Ān Lì	立思 Lì Sī	利思 Lì Sī
AlfonsoM	安凡 Ān Fán	芳松 Fāng Sōng	发嵩 Fā Sōng	帆硕 Fān Shuò	方朔 Fāng Shuò

Alfred_M	孚雷 Fú Léi	安磊 Ān Lěi	甫乐 Fǔ Lè	福来 Fú Lái	安瑞 Ān Ruì
Algernon_M	济农 Jì Nóng	冀隆 Jì Lóng	季农 Jì Nóng	济荣 Jì Róng	介融 Jiè Róng
Alice_F **Alicia**_F **Alison**_F	丽思 Lì Sī 莉飒 Lì Sà	爱思 Ài Sī 丽珊 Lì Shān	爱丽 Ài Lì 莉仙 Lì Xiān	礼斯 Lǐ Sī 立珊 Lì Shān	丽霞 Lì Xiá 丽生 Lì Shēng
Allan_M **Allen**_M	海量 Hǎi Liàng	蔼仁 Ǎi Rén	爱伦 Ài Lún	安南 Ān Nán	海兰 Hǎi Lán
Alma_F	爱曼 Ài Màn	蔼满 Ǎi Mǎn	安曼 Ān Màn	瑷玛 Ài Mǎ	艾迈 Ài Mài
Alphonso_M	方颂 Fāng Sòng	方飒 Fāng Sà	丰硕 Fēng Shuò	枫朔 Fēng Shuò	峰松 Fēng Sōng
Amabel_F	玛宝 Mǎ Bǎo	茂蓓 Mào Bèi	曼宝 Màn Bǎo	满苞 Mǎn Bāo	蔓葆 Màn Bǎo
Alvin_M	安文 Ān Wén	安运 Ān Yùn	蔼云 Ǎi Yún	艾耘 Ài Yún	昂运 Áng Yùn
Amanda_F	明达 Míng Dá	敏德 Mǐn Dé	萌得 Méng Dé	美黛 Měi Dài	孟妲 Mèng Dá
Ambrose_M	安博 Ān Bó	昂步 Áng Bù	安步 Ān Bù	彬若 Bīn Ruò	炳如 Bǐng Rú
Amelia_F	媚丽 Mèi Lì	美雅 Měi Yǎ	美彦 Měi Yàn	媚燕 Mèi Yàn	玫雅 Méi Yǎ

Amos M	孟书	梦舒	萌思	亚孟	孟肃
	Mèng Shū	Mèng Shū	Méng Sī	Yà Mèng	Mèng Sù
Amy F	爱梅	蔼美	艾宓	媛勉	瑷湄
	Ài Méi	Ǎi Měi	Ài Mì	Ài Miǎn	Ài Méi
Andrew M	安德	安中	昂如	昂竹	盎足
	Ān Dé	Ān Zhōng	Áng Rú	Áng Zhú	Àng Zú
Andre F	媛若	爱蕊	安瑞	艾润	瑷芮
	Ài Ruò	Ài Ruǐ	Ān Ruì	Ài Rùn	Ài Ruì
Aneurin F	乃宁	耐绫	南琳	楠妮	蓼苓
	Nǎi Níng	Nài Líng	Nán Lín	Nán Ní	Liǎo Líng
Andy M	安迪	艾棣	昂笛	庵荻	安狄
	Ān Dí	Ài Dì	Áng Dí	Ān Dí	Ān Dí
Angela F	安吉	菊兰	洁然	洁玲	捷灵
Angelina F	Ān Jí	Jú Lán	Jié Rán	Jié Líng	Jié Líng
Angelo M	安珂	爱歌	安可	安耕	安亘
Angus M	Ān Kē	Ài Gē	Ān Kě	Ān Gēng	Ān Gèn
Anita F	丽苔	莉泰	莉棠	丽桃	立达
	Lì Tái	Lì Tài	Lì Táng	Lì Táo	Lì Dá
Ann F	安逸	爱谊	安宜	安贝	贝蕾
Anna F	Ān Yì	Ài Yì	Ān Yí	Ān Bèi	Bèi Lěi
Annabella F					
	安娜	艾兰	爱娘	安蓓	蓓娜
	Ān Nà	Ài Lán	Ài Niáng	Ān Bèi	Bèi Nà
Anne F	安妮	旖丽	苡莉	爱丽	蔼妮
Anetta F	Ān Ní	Yǐ Lì	Yǐ Lì	Ài Lì	Ǎi Ní

AnnetteF **Annie**F	蔼怡 Ǎi Yí	安宜 Ān Yì	爱仪 Ài Yí	安奕 Ān Yì	艾翊 Ài Yì
AnselmM	安粲 Ān Càn	恩灿 Ēn Càn	安才 Ān Cái	安岑 Ān Cén	安苍 Ān Cāng
AnthonyM **Anton**M	安东 Ān Dōng	安通 Ān Tōng	昂东 Áng Dōng	艾佟 Ài Tóng	安彤 Ān Tóng
AntonioM	安良 Ān Liáng	栋梁 Dòng Liáng	恩亮 Ēn Liàng	东亮 Dōng Liàng	铎良 Duó Liáng
AprilF	安普 Ān Pǔ	婀娜 Ē Nuó	恩诺 Ēn Nuò	爱璞 Ài Pú	娥娜 É Nà
ArabellaF	瑞娜 Ruì Nà	芮兰 Ruì Lán	蓝贝 Lán Bèi	蓓娜 Bèi Nà	贝来 Bèi Lái
ArchboldM	安琦 Ān Qí	奇博 Qí Bó	博德 Bó Dé	启迪 Qǐ Dí	其宝 Qí Bǎo
ArmondM	安蒙 Ān Méng	亚芒 Yà Máng	雅萌 Yǎ Méng	恩梦 Ēn Mèng	亚孟 Yà Mèng
ArneM **Arnold**M	安珞 Ān Luò	蔼乐 Ǎi Lè	莞诺 Wǎn Nuò	安乐 Ān Lè	望隆 Wàng Lóng
ArthurM	亚书 Yà Shū	雅叔 Yǎ Shū	言殊 Yán Shū	安瑟 Ān Sè	亚舍 Yà Shè
AubreyM	博立 Bó Lì	博锐 Bó Ruì	百励 Bǎi Lì	本立 Běn Lì	百瑞 Bǎi Ruì
AudreyF	德瑞 Dé Ruì	多丽 Duō Lì	朵丽 Duǒ Lì	爱莉 Ài Lì	啼鹏 Tí Lì

Barbara F	碧然 Bì Rán	璧娘 Bì Niáng	白兰 Bái Lán	白波 Bái Bō	波澜 Bō Lán
Barney M Barrett M Barrie M Barry M	百利 Bǎi Lì 瑞德 Ruì Dé	勃然 Bó Rán 培瑞 Péi Ruì	彬礼 Bīng Nuò 沛然 Pèi Rán	冰诺 Bīng Nuò 秉仁 Bǐng Rén	百瑞 Bǎi Ruì 百稔 Bǎi Rěn
Bartholomew M	邦乐 Bāng Lè	包禄 Bāo Lù	保禄 Bǎo Lù	宝鹿 Bǎo Lù	葆芦 Bǎo Lú
Basil M	本舜 Běn Shùn	北顺 Běi Shùn	宝志 Bǎo Zhì	保智 Bǎo Zhì	备治 Bèi Zhì
Beatrice F Beatrix F	苾翠 Bì Cuì	谧思 Mì Sī	碧丝 Bì Sī	碧翠 Bì Cuì	美丝 Měi Sī
Becky F	贝冀 Bèi Jì	北晴 Běi Qíng	碧霁 Bì Jì	璧琪 Bì Qí	苾绮 Bì Qǐ
Belinda F	琳达 Lín Dá	白琳 Bái Lín	银芽 Yíng Yá	白岭 Bái Lǐng	碧菱 Bì Líng
Ben M	本怡 Běn Yí	彬恩 Bīn Ēn	备宜 Bèi Yí	北业 Běi Yè	白烨 Bái Yè
Benediet M	百迪 Bǎi Dí	本德 Běn Dé	比笛 Bǐ Dí	乃棣 Nǎi Dì	白荻 Bái Dí

BenjaminM	彬明 Bīn Míng	宾敏 Bīn Mǐn	斌民 Bīn Mín	斌杰 Bīn Jié	本杰 Běn Jié
BennettM **Benny**M	本谊 Běn Yí	彬立 Bīn Lì	斌礼 Bīn Lǐ	本逸 Běn Yì	百宜 Bǎi Yí
BernardM	伯念 Bó Niàn	本耐 Běn Nài	乃德 Nǎi Dé	纳德 Nà Dé	百瑞 Bǎi Ruì
BertM	本德 Běn Dé	秉德 Bǐng Dé	培德 Péi Dé	沛棣 Pèi Dì	彬惕 Bīn Tì
BerthaF	白莎 Bái Shā	百硕 Bǎi Shuò	柏松 Bǎi Sōng	宝达 Bǎo Dá	保泰 Bǎo Tài
BertramM	伯仁 Bó Rén	伯让 Bó Ràng	白浪 Bái Làng	平朗 Píng Lǎng	品良 Pǐn Liáng
BerylF	碧如 Bì Rú	璧若 Bì Ruò	佩如 Pèi Rú	白露 Bái Lù	美瑞 Měi Ruì
BessF **Bessie**F **Beth**F	培士 Péi Shì	佩时 Pèi Shí	培实 Péi Shí	碧诗 Bì Shī	佩丝 Pèi Sī
BetsyF	贝茜 Bèi Xī	蓓馨 Bèi Xīn	碧心 Bì Xīn	璧芝 Bì Zhī	碧枝 Bì Zhī
BettyF	百蒂 Bǎi Dì	百棣 Bǎi Dì	美娣 Měi Dì	美笛 Měi Dí	碧蒂 Bì Dì
BiancheF	岚逸 Lán Yì	蓝溪 Lán Xī	兰琪 Lán Qí	朗祺 Láng Qí	朗启 Lǎng Qǐ
BillM **Billy**M	炳利 Bǐng Lì	秉立 Bǐng Lì	彬理 Bīn Lǐ	斌立 Bīn Lì	必力 Bì Lì

BobM **Bobby**M	柏夫 Bó Fū	博福 Bó Fú	博璧 Bó Bì	伯炳 Bó Bǐng	博备 Bó Bèi
BonnieF	白璐 Bái Lù	白露 Bái Lù	葆丽 Bǎo Lì	保莉 Bǎo Lì	宝意 Bǎo Yì
BradleyM	瑞利 Ruì Lì	仁义 Rén Yì	仁理 Rén Lǐ	任廉 Rèn Lián	锐力 Ruì Lì
BrendaF	瑞达 Ruì Dá	润岱 Rùn Dài	蕊黛 Ruǐ Dài	容丹 Róng Dān	柔达 Róu Dá
BrianM **Bryan**M	百润 Bǎi Rùn	甫仁 Fǔ Rén	富仁 Fù Rén	伯任 Bó Rèn	步稔 Bù Rěn
BridgetF	瑞吉 Ruì Jí	睿志 Ruì Zhì	锐至 Ruì Zhì	芮智 Ruì Zhì	白霁 Bái Jì
BrooksM	如珂 Rú Kē	儒可 Rú Kě	汝轲 Rǔ Kē	荣柯 Róng Kē	嵘克 Róng Kè
BruceM **Bryce**M	本如 Běn Rú	炳儒 Bǐng Rú	步龙 Bù Lóng	步隆 Bù Lóng	禄士 Lù Shì

CarolF **Caroline**F	侃容 Kǎn Róng	凯路 Kǎi Lù	若琳 Ruò Lín	乐铃 Lè Líng	凯玲 Kǎi Líng
CarsonM	康生 Kāng Shēng	侃森 Kǎn Sēn	楷善 Kǎi Shàn	凯山 Kǎi Shān	楷杉 Kǎi Shān
CatharineF	鸽翎 Gē Líng	凯琳 Kǎi Lín	桃云 Taó Yún	棠苓 Táng Líng	康宁 Kāng Níng
CathyF	可珊 Kě Shān	开姗 Kāi Shān	康善 Kāng Shàn	凯茜 Kǎi Xī	侃诗 Kǎn Shī
CecilM	世新 Shì Xīn	赛西 Sài Xī	新诗 Xīn Shī	赛施 Sài Shī	西施 Xī Shī
CeciliaF **Cecily**F **Cicely**F	希立 Xī Lì 善丽 Shàn Lì	茜莉 Xī Lì 莎丽 Shā Lì	丽雅 Lì Yǎ 施丽 Shī Lì	喜霖 Xǐ Lín 诗理 Shī Lǐ	赛莉 Sài Lì 思丽 Sī Lì
CharlesM **Charley**M	嘉尧 Jiā Yáo	佳思 Jiā Sī	家瑞 Jiā Ruì	加荣 Jiā Róng	家思 Jiā Sī
ChristabelF **Christianna**F **Christina**F **Christine**F	凯瑞 Kǎi Ruì 琨兰 Kūn Lán	苔蓓 Tái Bèi 丁娜 Dīng Nà	蕊思 Ruǐ Sī 汀蓝 Dīng Lán	泰本 Taì Běn 坤娣 Kūn Dì	瑞泰 Ruì Tài 葵丝 Kuí Sī

162

|---|---|---|---|---|---|

English					
ChristopherM	托福 Tuō Fú	缇帆 Tí Fān	达发 Dá Fā	度佛 Dù Fú	陶丰 Táo Fēng
ClaireF **Clara**F **Clare**F	可兰 Kě Lán 歌然 Gē Rán	可然 Kě Rán 珂若 Kē Ruò	葛兰 Gě Lán 可润 Kě Rùn	高蓝 Gāo Lán 葛兰 Gě Lán	可娜 Kě Nà 可莱 Kě Lái
ClarenceM	润思 Rùn Sī	伦梓 Lún Zǐ	劳孜 Láo Zī	仁之 Rén Zhī	任知 Rèn Zhī
ClarkM **Claud**M	克劳 Kè Láo	开朗 Kāi Lǎng	高朗 Gāo Lǎng	果朗 Guǒ Lǎng	古饶 Gǔ Ráo
ClementM	乐睦 Lè Mù	仑慕 Lún Mù	立孟 Lì Mèng	洛蔓 Luò Màn	禄满 Lù Mǎn
CliffordM **Clive**M	立夫 Lì Fū	立佛 Lì Fú	立福 Lì Fú	利福 Lì Fú	力孚 Lì Fú
ColinM	珂霖 Kē Lín	科灵 Kē Líng	柯林 Kē Lín	可凌 Kě Líng	高岭 Gāo Lǐng
ConnieF	康丽 Kāng Lì	珂妮 Kē Ní	可意 Kě Yì	高谊 Gāo Yì	慷宜 Kāng Yí
ConradM	高乐 Gāo Lè	高亮 Gāo Liàng	可乐 Kě Lè	亮德 Liàng Dé	孔梁 Kǒng Liáng
ConstanceF	康坦 Kāng Tǎn	侃同 Kǎn Tóng	开泰 Kāi Tài	凯腾 Kǎi Tēng	宽达 Kuān Dá
CoraF	高然 Gāo Rán	侃若 Kǎn Ruò	宽如 Kuān Rú	坤容 Kūn Róng	康柔 Kāng Róu

CuthbertM	开思 Kāi Sī	开博 Kāi Bó	开白 Kāi Bái	楷伯 Kǎi Bó	开柏 Kāi Bó
CynthiaF	新献 Xīn Xiàn	兴善 Xīng Shàn	欣羡 Xīn Xiàn	馨香 Xīn Xiāng	心娴 Xīn Xián
CyrilM **Cyrus**M	熙瑞 Xī Ruì	希锐 Xī Ruì	西芮 Xī Ruì	锡仁 Xī Rén	玺任 Xǐ Rèn

D

Daisy_F	岱熹 Dài Xī	蝶喜 Dié Xǐ	玳仪 Dài Yí	黛茜 Dài Xī	妲苡 Dá Yǐ
Dan_M Daniel_M	岱逸 Dài Yì	当立 Dàng Lì	丹理 Dān Lǐ	达理 Dá Lǐ	大立 Dà Lì
Diana_F	丹娜 Dān Nà	黛娘 Dài Niáng	岱娜 Dài Nà	达南 Dá Nán	玳楠 Dài Nán
Daphne_F	黛粉 Dài Fěn	岱汾 Dài Fén	玳芬 Dài Fēn	淡芬 Dàn Fēn	丹凤 Dān Fèng
David_M Davis_M	大伟 Dà Wěi	岱炜 Dài Wěi	丹梧 Dān Wú	德伟 Dé Wěi	大维 Dà Wéi
Dean_M Denis_M	德英 Dé Yīng	定一 Dìng Yī	鼎立 Dǐng Lì	丁轶 Dīng Yì	迪奕 Dí Yì
Deborah_F	涤波 Dí Bō	博然 Bó Rán	宝瑞 Bǎo Ruì	葆蕊 Bǎo Ruǐ	德宝 Dé Bǎo
Doreen_F Doris_F Dorothy_F	多丽 Dūo Lì	朵云 Duǒ Yún	端芸 Duān Yún	敦蕴 Dūn Yùn	端瑞 Duān Ruì
Douglas_M	道岚 Dào Lán	端格 Duān Gé	道思 Dào Sī	多思 Duō Sī	道朗 Dào Lǎng
Duncan_M	敦恳 Dūn Kěn	端可 Duān Kě	顿肯 Dūn Kěn	盾克 Dùn Kè	多康 Duō Kāng

165

Ebenezer_M	本泽 Běn Zé	秉则 Bǐng Zé	炳湛 Bǐng Zhàn	冰斋 Bīng Zhāi	彬谌 Bīn Chén
Eddie_M Edgar_M	恩迪 Ēn Dí	恒棣 Héng Dì	恩德 Ēn Dé	鼎嘉 Dǐng Jiā	德高 Dé Gāo
Edith_F	爱娣 Ài Dì	迪思 Dí Sī	蒂丝 Dì Sī	蔼娣 Ǎi Dì	娣思 Dì Sī
Edmond_M	艾德 Ài Dé	蔼蒙 Ǎi Méng	德蒙 Dé Méng	蒙德 Méng Dé	德芒 Dé Máng
Edna_F	爱娜 Ài Nà	爱迪 Ài Dí	爱笛 Ài Dí	媛楠 Ài Nán	安娜 Ān Nà
Edward_M	德华 Dé Huá	德厚 Dé Hòu	迪焕 Dí Huàn	安煌 Ān Huáng	棣辉 Dì Huī
Edwin_M	德威 Dé Wēi	德运 Dé Yùn	笛韵 Dí Yùn	迪云 Dí Yún	第耘 Dì Yún
Eileen_F	爱琳 Ài Lín	瑷玲 Ài Líng	蔼玲 Ǎi Líng	媛苓 Ài Líng	雁翎 Yàn Líng
Elbert_M	尔备 Ěr Bèi	恩伯 Ēn Bó	亨倍 Hēng Bèi	安贝 Ān Bèi	安本 Ān Běn

EleanorF **Elizabeth**F **Elis**F	伊莉 Yī Lì	贝思 Bèi Sī	蓓丝 Bèi Sī	佩诗 Pèi Shī	培士 Péi Shì
	莉若 Lì Ruò	丽容 Lì Róng	丽嫦 Lì Cháng	丽裳 Lì Cháng	丽莎 Lì Shā
EllaF **Ellen**F	爱娜 Ài Nà	蔼兰 Ǎi Lán	恩伦 Ēn Lún	爱伦 Ài Lún	燕来 Yàn Lái
EllisF	爱莉 Ài Lì	月丽 Yuè Lì	也丽 Yě Lì	颜丽 Yán Lì	雅立 Yǎ Lì
EltonM	安顿 Ān Dùn	爱同 Ài Tóng	安通 Ān Tōng	恩统 Ēn Tǒng	艾棠 Ài Táng
EmilyF	明莉 Míng Lì	民利 Mín Lì	梅立 Méi Lì	眉丽 Méi Lì	敏俐 Mǐn Lì
EmmaF	恩美 Ēn Měi	爱明 Ài Míng	蔼敏 Ǎi Mǐn	娥眉 É Méi	莪茂 É Mào
EnidF	旖妮 Yǐ Nī	以德 Yǐ Dé	奕丽 Yì Lì	逸立 Yì Lì	翌隶 Yì Lì
EnochM	奕珞 Yì Luò	乐歌 Lè Gē	诺光 Nuò Guāng	洛谷 Luò Gǔ	意诺 Yì Nuò
EricM **Ernest**M	恩瑞 Ēn Ruì	峨悦 É Yuè	恩思 Ēn Sī	宜德 Yí Dé	恩年 Ēn Nián
ErvinM	谊文 Yì Wén	逸云 Yì Yún	翼运 Yì Yùn	意温 Yì Wēn	亦威 Yì Wēi
EsmondeM	沐德 Mù Dé	慕迪 Mù Dí	思模 Sī Mó	司谋 Sī Móu	尹默 Yǐn Mò

Esther_F **Ethel**_F	伊始 Yī Shǐ	宜时 Yí Shí	怡适 Yí Shì	怡杉 Yí Shān	宜山 Yí Shān
Eugene_M	友敬 Yǒu Jìng	又憬 Yòu Jǐng	幼菁 Yòu Jīng	有璟 Yǒu Jǐng	佑靖 Yòu Jìng
Eugenia_F	尤金 Yóu Jīn	幼吉 Yòu Jí	优景 Yōu Jǐng	又敬 Yòn Jìng	洁雅 Jié Yǎ
Eunice_F	尤丽 Yóu Lì	尤旎 Yóu Nǐ	悠思 Yōu Sī	友莉 Yǒu Lì	幼丝 Yòu Sī
Eva_F	仪焕 Yí Huàn	尹华 Yǐn Huá	意慧 Yì Huì	苡花 Yǐ Huā	宜华 Yí Huá
Evangeline_F	万吉 Wàn Jí	凡杰 Fán Jié	帆捷 Fān Jié	芳玲 Fāng Líng	方琳 Fāng Lín
Eve_F **Eveline**_F **Evelyn**_F	伊芙 Yī Fú 芙琳 Fú Lín	亦福 Yì Fú 怡芙 Yí Fú	奕甫 Yì Fǔ 馥苓 Fù Líng	宜赋 Yí Fù 枫林 Fēng Lín	怡馥 Yí Fù 芬玲 Fēn Líng

FaithF **Fanny**F	芬妮 Fēn Nī	凤夷 Fèng Yí	丰颐 Fēng Yí	飞怡 Fēi Yí	菲谊 Fēi Yí
FelixM **Ferdinand**M	斐迪 Fěi Dí	飞棣 Fēi Dì	菲南 Fēi Nán	丰鼎 Fēng Dǐng	峰顶 Fēng Dǐng
FloraF	罗兰 Luó Lán	萝娜 Luó Nà	洛蓉 Luò Róng	珞然 Luò Rán	璐如 Lù Rú
FlorenceF	罗仁 Luó Rén	洛仑 Luò Lún	陆稔 Lù Rěn	禄人 Lù Rén	禄仁 Lù Rén
FrancesF	朗西 Lǎng Xī	琅茜 Láng Xī	莲馨 Liàn Xīn	苒欣 Rǎn Xīn	然歆 Rán Xīn
FrancisM	朗西 Lǎng Xī	浪新 Làng Xīn	廉辛 Lián Xīn	联兴 Lián Xīn	峦鑫 Luán Xīn
FrankM	福南 Fú Nán	夫然 Fū Rán	复朗 Fù Lǎng	佛良 Fú Liáng	富廉 Fù Lián
FredaF	瑞妲 Ruì Dá	睿达 Ruì Dá	芮丹 Ruì Dān	蕊黛 Ruǐ Dài	瑞岱 Ruì Dài
FreddieM	瑞迪 Ruì Dí	福瑞 Fú Ruì	发利 Fā Lì	锐力 Ruì Lì	仁立 Rén Lì
FrederickM	瑞珂 Ruì Kē	锐可 Ruì Kě	睿科 Ruì Kē	雷凯 Léi Kǎi	福瑞 Fú Ruì

169

G

Geoffrey M	杰夫 Jié Fū	福瑞 Fú Ruì	皆福 Jiē Fú	介夫 Jiè Fū	金福 Jīn Fú
Gary M	高立 Gāo Lì	嘉礼 Jiā Lǐ	嘉立 Jiā Lì	佳理 Jiā Lǐ	家锐 Jiā Ruì
Genevieve F	吉纳 Jí Nà	俊芙 Jùn Fú	钧为 Jūn Wéi	君伟 Jūn Wěi	君薇 Jūn Wéi
George M	佑吉 Yòu Jí	久吉 Jiǔ Jí	乔治 Qiáo Zhì	玖杰 Jiǔ Jié	幼骥 Yòu Jì
Georgia F	娇洁 Jiāo Jié	吉佳 Jí Jiā	皎洁 Jiāo Jié	季洁 Jì Jié	娇雅 Jiāo Yǎ
Gerald M	吉禄 Jí Lù	杰如 Jié Rú	捷龙 Jié Lóng	金诺 Jīn Nuò	洁若 Jié Ruò
Geraldine F	吉娜 Jí Nà	季娜 Jì Nà	金兰 Jīn Lán	洁兰 Jié Lán	君兰 Jūn Lán
Gerard M	吉荣 Jí Róng	冀嵘 Jì Róng	季儒 Jì Rǔ	寄榕 Jì Róng	继融 Jì Róng
Gerry M	杰礼 Jié Lǐ	吉瑞 Jí Ruì	捷锐 Jié Ruì	吉礼 Jí Lǐ	继立 Jì Lì
Gertrude F	癸初 Guǐ Chū	圭楚 Guī Chǔ	瑰春 Guī Chūn	桂淳 Guì Chún	贵纯 Guì Chún

GiebertM	家伯 Jiā Bó	嘉博 Jiā Bó	佳柏 Jiā Bó	迦波 Jiā Bō	加勃 Jiā Bó
GillF **Gillam**F	洁儿 Jié Ér	锦仪 Jǐn Yí	景宜 Jǐng Yí	吉莲 Jí Lián	季莲 Jì Lián
GladysF	岚笛 Lán Dí	雷翟 Léi Dí	乐迪 Lè Dí	朗荻 Lǎng Dí	歌乐 Gē Lè
GodfreyM	歌瑞 Gē Ruì	戈锐 Gē Ruì	恭福 Gōng Fú	庚福 Gēng Fú	赓睿 Gēng Ruì
GodwinM	葛文 Gě Wén	功蕴 Gōng Yùn	恭运 Gōng Yùn	公允 Gōng Yǔn	工韵 Gōng Yùn
GordonM	公德 Gōng Dé	高登 Gāo Dēng	躬隆 Gōng Lóng	歌冬 Gē Dōng	戈登 Gē Dēng
GraceF	蕊思 Ruǐ Sī	苒丝 Rǎn Sī	柔丝 Róu Sī	谷丽 Gǔ Lì	瑞思 Ruì Sī
GregoryM	葛雷 Gě Léi	歌瑞 Gē Ruì	葛瑞 Gě Ruì	国荣 Guó Róng	郭嵘 Guō Róng
GwendolineF	温德 Wēn Dé	多霖 Duō Lín	文林 Wén Lín	蔚岭 Wèi Lǐng	伟凌 Wěi Líng

HannahF	涵纳 Hán Nà	汉娜 Hàn Nà	海浪 Hǎi Làng	寒耐 Hán Nài	菡若 Hán Ruò
HarrielF	海蕾 Hǎi Lěi	含蕊 Hán Ruǐ	寒蕾 Hán Lěi	菡蕊 Hán Ruǐ	晗瑞 Hán Ruì
HarroldM	海瑞 Hǎi Ruì	豪锐 Háo Ruì	禾乐 Hé Lè	浩若 Hào Ruò	涵瑞 Hán Ruì
HarryM	豪立 Háo Lì	浩里 Hào Lǐ	浩瑞 Hào Ruì	皓理 Hào Lǐ	灏力 Hào Lì
HelenF **Helena**F	海莲 Hǎi Lián	含蕊 Hán Ruǐ	涵莉 Hán Lì	荷莲 Hé Lián	海丽 Hào Lì
HenriettaF	瑞泰 Ruì Tài	亨岱 Hēng Dài	姮妲 Héng Dá	恒达 Héng Dá	含瑞 Hán Ruì
HenryM	翰礼 Hàn Lǐ	亨瑞 Hēng Ruì	汉立 Hàn Lì	涵瑞 Hán Ruì	亨利 Hēng Lì
HerbertM	贺伯 Hè Bó	和本 Hé Běn	鹤比 Hè Bǐ	禾炳 Hé Bǐng	贺宝 Hè Bǎo
HermanM	贺满 Hè Mǎn	海麦 Hǎi Mài	汉满 Hàn Mǎn	赫曼 Hè Màn	贺曼 Hè Màn
HermioneF	荷美 Hé Měi	贺眉 Hè Méi	和湄 Hé Méi	禾茂 Hé Mào	荷媚 Hé Mèi

Hilary_M	熙乐 Xī Lè	熹黎 Xī Lí	禧礼 Xǐ Lǐ	玺立 Xǐ Lì	惜丽 Xī Lì
Hilda_F	喜达 Xǐ Dá	希妲 Xī Dá	茜黛 Xī Dài	娴泰 Xián Tài	霞丹 Xía Dān
Horace_M	霍瑞 Huò Ruì	豁朗 Huò Lǎng	和瑞 Hé Ruì	贺立 Hè Lì	和礼 Hé Lǐ
Horatio_M	贺笛 Hè Dí	霍迪 Huò Dí	和箫 Hé Xiāo	和晓 Hé Xiǎo	禾秀 Hé Xìu
Howard_M	贺华 Hè Huá	鸿焕 Hóng Huàn	恒奂 Héng Huàn	和华 Hé Huá	豪华 Háo Huá
Hubert_M	修伯 Xīu Bó	虚伯 Xū Bó	许备 Xǔ Bèi	舒北 Shū Běi	栩贝 Xǔ Bèi
Hudson_M	贺生 Hè Shēng	霍升 Huò Shēng	赫深 Hè Shēn	华生 Huá Shēng	何盛 Hé Shèng
Hugh_M	胥吾 Xū Wú	须梧 Xū Wú	秀聿 Xiù Yù	戌雨 Xù Yǔ	许誉 Xǔ Yù
Hugo_M	雨果 Yǔ Guǒ	许果 Xǔ Guǒ	熙贵 Xī Guì	席桂 Xí Guì	希国 Xī Guó
Humphrey_M	汉福 Hàn Fú	翰孚 Hàn Fú	汉瑞 Hàn Ruì	寒如 Hán Rú	晗甫 Hán Fǔ

IdaF	爱妲 Ài Dá	媛玳 Ài Dài	蔼岱 Ǎi Dài	瑷黛 Ài Dài	安达 Ān Dá
IreneF	爱云 Ài Yún	艾芸 Ài Yún	媛荣 Ài Róng	蔼匀 Ǎi Yún	瑷月 Ài Yuè
IrisF	爱悦 Ǎi Yuè	蕊丝 Ruǐ Sī	锐思 Ruì Sī	蔼瑞 Ǎi Ruì	媛芮 Ài Ruì
IrvinM **Irwin**M	伊汶 Yī Wén	宇文 Yǔ Wén	育文 Yù Wén	瑜雯 Yù Wén	宇闻 Yǔ Wén
IsaacM	毅山 Yì Shān	宜善 Yí Shàn	弋飒 Yì Sà	易禅 Yì Shàn	逸洒 Yì Sǎ
IsabelF **Isabella**F	怡飒 Yí Sà	伊莎 Yī Shā	仪珊 Yí Shān	蓓兰 Bèi Lán	贝娜 Bèi Nà
IsaiahM	奕赛 Yì Sài	翊思 Yì Sī	亦善 Yì Shàn	育善 Yù Shàn	逸善 Yì Shàn
IvanM	翌万 Yì Wàn	邑旺 Yì Wàng	翊望 Yì Wàng	奕芒 Yì Máng	亦旺 Yì Wàng

Jack M	杰轲 Jié Kē	佳格 Jiā Gé	杰克 Jíe Kè	捷克 Jié Kè	嘉科 Jiā Kē
Jackson M	嘉生 Jiā Shēng	杰声 Jié Shēng	佳盛 Jiā Shèng	捷胜 Jié Shèng	吉升 Jí Shēng
Jacob M	简慷 Jiǎn Kāng	建科 Jiàn Kē	剑侃 Jiàn Kǎn	鉴可 Jiàn Kě	贾可 Jiǎ Kě
Jacqueline F	佳宁 Jiā Níng	佳玲 Jiā Líng	嘉菱 Jiā Líng	加贵 Jiā Guì	家桂 Jiā Guì
James M	健模 Jiàn Mú	坚木 Jiān Mù	荐慕 Jiàn Mù	见睦 Jiàn Mù	简穆 Jiǎn Mù
Jane F Janet F	真意 Zhēn Yì	坚毅 Jiān Yì	婕仪 Jié Yí	静宜 Jìng Yí	俭妮 Jiǎn Nī
Jay M	简宜 Jiǎn Yí	鉴玉 Jiàn Yù	剑仪 Jiàn Yí	健弋 Jiàn Yì	建易 Jiàn Yì
Jean F Jeannette F	景怡 Jǐng Yí	珍仪 Zhēn Yí	锦霓 Jǐn Ní	静宜 Jìng Yí	景怡 Jǐng Yí
Jeffrey M	简理 Jiǎn Lǐ	杰黎 Jié Lí	捷立 Jié Lì	纪非 Jì Fēi	福礼 Fú Lǐ
Jennifer F Jenny F	珍丽 Zhēn Lì	莉芳 Lì Fāng	纪丽 Jì Lì	洁俐 Jié Lì	静莲 Jìng Lián

Jeremy_M Jerome_M	坚珉 Jiān Mín	建民 Jiàn Mín	健明 Jiàn Míng	捷敏 Jié Mǐn	杰美 Jié Měi
Jerrold_M	杰诺 Jié Nuò	季若 Jì Ruò	纪如 Jì Rú	吉茹 Jí Rú	捷然 Jié Rán
Jerry_F	洁如 Jié Rú	季瑞 Jì Ruì	吉瑞 Jí Ruì	静如 Jìng Rú	纪瑞 Jì Ruì
Jessica_F	思佳 Sī Jiā	喜嘉 Xǐ Jiā	洁思 Jié Sī	婕茜 Jié Xī	希珈 Xī Jiā
Jessie_F	杰茜 Jié Xī	洁熙 Jié Xī	婕喜 Jié Xǐ	结喜 Jié Xǐ	继翕 Jì Xī
Jim_M Jimmy_M	詹敏 Zhān Mǐn	捷民 Jié Mín	季明 Jì Míng	子美 Zǐ Měi	吉美 Jí Měi
Joan_F Joanna_F Joanne_F	琼恩 Qióng Ēn 琼娜 Qióng Nà	裘安 Qiú Ān 乔兰 Qiáo Lán	琼安 Qióng Ān 琼蓝 Qióng Lán	巧英 Qiǎo Yīng 巧蒳 Qiǎo Nán	乔茵 Qiáo Yīn 茱娜 Zhū Nà
Joe_M	齐佑 Qí Yòu	晋恩 Jìn Ēn	济友 Jì Yǒu	敬友 Jìn Yǒu	吉佑 Jí Yòu
Jocelyn_F	玖玲 Jiǔ Líng	喜莲 Xǐ Lián	希苓 Xī Líng	思琳 Sī Lín	禧玲 Xǐ Líng
John_M Johnny_M	峤安 Qiáo Ān	秋恩 Qiū Ēn	强昂 Qiáng Áng	仲尼 Zhòng Ní	乔宁 Qiáo Níng
Jonathan_M	乔森 Qiáo Sēn	君南 Jūn Nán	邱楠 Qiū Nán	强盛 Qiáng Shèng	秋男 Qiū Nán

Joseph_M	樵伕 Qiáo Fū	秋阜 Qiū Fù	侨富 Qiáo Fù	邱赋 Qiū Fù	秋富 Qiū Fù
Josephine_F	琼芬 Qióng Fēn	秋凤 Qiū Fèng	巧芙 Qiǎo Fú	乔菲 Qiáo Fēi	娟斐 Juān Fěi
Joyce_F	隽思 Juàn Sī	珏士 Jué Shì	孝慈 Xiào Cí	锺丝 Zhōng Sī	琼斯 Qióng Sī
Judy_F **Judith**_F	茱迪 Zhū Dí	珠娣 Zhū Dì	竹第 Zhú Dì	娣适 Dì Shì	蒂莳 Dì Shì
Julia_F	玖妮 Jiǔ Ní	秋丽 Giū Lì	茱莉 Zhū Lì	祝礼 Zhù Lǐ	珠丽 Zhū Lì
Julian_M	柱联 Zhù Lián	竺廉 Zhú Lián	诸琏 Zhū Lián	祝濂 Zhù Lián	朱涟 Zhū Lián
Julien_F	玖玲 Jiǔ Líng	朱莲 Zhū Lián	朱雁 Zhū Yàn	朱燕 Zhū Yàn	茱琳 Zhū Lín
Juliet_F	茱丽 Zhū Lì	茱叶 Zhū Yè	珠联 Zhū Lián	菊丽 Jú Lì	茱艳 Zhū Yàn
June_F	琼恩 Qióng Ēn	君恩 Jūn Ēn	晴雯 Qíng Wén	庆文 Qìng Wén	均安 Jūn Ān
Justin_M	朱庭 Zhū Tíng	嘉定 Jiā Dìng	竹亭 Zhú Tíng	柱定 Zhù Dìng	柱鼎 Zhù Dǐng

K

Katharine F Katherine F	开云 Kāi Yún	楷芸 Kǎi Yún	凯运 Kǎi Yùn	侃匀 Kǎn Yún	康韵 Kāng Yùn
Kate F	康恬 Kāng Tián	海缇 Hǎi Tí	凯棣 Kǎi Dì	侃缇 Kǎn Tí	凯娣 Kǎi Dì
Kathy F	海蒂 Hǎi Dì	凯蒂 Kǎi Dì	开棣 Kāi Dì	凯笛 Kǎi Dí	康娣 Kāng Dì
Kay F Kaye F	可仪 Kě Yí	康艺 Kāng Yì	凯奕 Kǎi Yì	开益 Kāi Yì	楷薏 Kǎi Yì
Keith M	基石 Jī Shí	济慈 Jì Cí	季实 Jì Shí	纪士 Jì Shì	继志 Jì Zhì
Kenneth M	恳实 Kěn Shí	肯轼 Kěn Shì	耕时 Gēng Shí	铿石 Kēng Shí	庚世 Qēng Shì
Kitty F	吉倜 Jí Tì	婕娣 Jié Dì	洁蒂 Jié Dì	霁笛 Jì Dí	姬娣 Jī Dì

L

LanceM	览诗 Lǎn Shī	朗士 Lǎng Shì	男适 Nán Shì	岚石 Lán Shí	劳思 Láo Sī
LauraF	朗然 Lǎng Rán	琅若 Láng Ruò	浪如 Làng Rú	萝荣 Luó Róng	洛容 Luò Róng
LarryM	莱利 Lái Lì	乐瑞 Lè Ruì	劳瑞 Láo Ruì	洛任 Luò Rèn	罗仁 Luó Rén
LaurelF	萝莉 Luó Lì	洛瑞 Luò Ruì	露仁 Lù Rén	珑丽 Lóng Lì	露蕊 Lù Ruǐ
LaurenceM	洛仁 Luò Rén	罗伦 Luó Lún	落磊 Luò Lěi	珞润 Luò Rùn	若雷 Ruò Léi
LenaF	利然 Lì Rán	丽娜 Lì Nà	理栾 Lǐ Luán	莉蓝 Lì Lán	立兰 Lì Lán
LeonM **Leonard**M	理昂 Lǐ Áng	里安 Lǐ Ān	禄安 Lù Ān	仑岚 Lún Lán	伦诺 Lún Nuò
LesleyF	乐蒂 Lè Dì	乐笛 Lè Lí	乐莉 Lè Lì	蕾丽 Lěi Lì	磊莉 Lěi Lì
LeslieM	乐力 Lè Lì	雷力 Léi Lì	磊立 Lěi Lì	乐礼 Lè Lǐ	蕾立 Lěi Lì
LesterM	乐德 Lè Dé	立德 Lì Dé	利达 Lì Dá	礼思 Lǐ Sī	磊德 Lěi Dé

LewisM	廉士 Lián Shì	落实 Luò Shí	柳丝 Liǔ Sī	流石 Liú Shí	留史 Liú Shǐ
LilianF	丽莲 Lì Lián	莉涟 Lì Lián	俐恋 Lì Liàn	隶廉 Lì Lián	立濂 Lì Lián
LilyF	丽丽 Lì Lì	莉莉 Lì Lì	俐俐 Lì Lì	荔丽 Lì Lì	黎丽 Lí Lì
LincolnM	林恳 Lín Kěn	霖可 Lín Kě	林肯 Lín Kěn	宁克 Níng Kè	凌空 Líng Kōng
LindaF	琳达 Lín Dá	玲黛 Líng Dài	旎岱 Ní Dài	菱玳 Líng Dài	宁达 Níng Dá
LioneM	礼来 Lǐ Lái	理乐 Lǐ Lè	李立 Lǐ Lì	理昂 Lǐ Áng	立昂 Lì Áng
LisaF	丽莎 Lì Shā	丽姗 Lì Shān	莉莎 Lì Shā	黎飒 Lí Sà	丽桑 Lì Sāng
LlewelynM	磊林 Lěi Lín	雷凛 Léi Lǐn	乐龄 Lè Líng	垒岭 Lěi Lǐng	乐霖 Lè Lín
LloydM	洛德 Luò Dé	乐德 Lè Dé	柳岱 Liǔ Dài	绿荻 Lǜ Dí	律迪 Lǜ Dí
LolitaF	乐丽 Lè Lì	莉达 Lì Dá	乐立 Lè Lì	立达 Lì Dá	丽妲 Lì Dá
LouisaF	绿飒 Lù Sà	鹭鸶 Lù Sī	露莎 Lù Shā	绿洒 Lǜ Sǎ	丽桑 Lì Sāng
LoraF	罗娜 Luó Nà	萝然 Luó Rán	若男 Ruò Nán	瑞兰 Ruì Lán	如兰 Rú Lán

LouisF	陆宜 Lù Yí	露丝 Lù Sī	璐仪 Lù Yí	绿宜 Lǜ Yí	露怡 Lù Yí
LouiseF	绿漪 Lǜ Yí	路夷 Lù Yí	露怡 Lù Yí	禄伊 Lù Yī	璐宜 Lù Yí
LuciaF **Lucy**F	露茜 Lù Xī	陆琪 Lù Qí	罗琪 Luó Qí	若席 Ruò Xí	璐茜 Lù Xī
LutherM	路德 Lù Dé	路舒 Lù Shū	禄士 Lù Shì	鹿特 Lù Tè	禄寿 Lù Shòu
LydiaF	力棣 Lì Dì	立蒂 Lì Dì	莉荻 Lì Dí	丽蝶 Lì Dié	丽雅 Lì Yǎ

Mabel_F	梅葆 Méi Bǎo	眉贝 Méi Bèi	湄北 Méi Běi	玫宝 Méi Bǎo	美宝 Měi Bǎo
Mack_M	马轲 Mǎ Kē	迈克 Mài Kè	麦可 Mài Kě	迈可 Mài Kě	麦柯 Mài Kē
Madeline_F	玛琳 Mǎ Lín	麦龄 Mài Líng	曼玲 Màn Lín	曼琳 Màn Lín	麦玲 Mài Lín
Maggie_F	玛琪 Mǎ Qí	麦琪 Mài Qí	曼纪 Màn Jì	美琪 Měi Qí	美祈 Měi Qí
Margaret_F Margery_F Margot_F	玛瑞 Mǎ Ruì 茂蕊 Mào Ruǐ	缦蕊 Màn Ruǐ 玛果 Mǎ Guǒ	满瑞 Mǎn Ruì 曼姑 Màn Gū	绵荣 Mián Róng 满庚 Mǎn Gēng	嵋容 Méi Róng 蔓根 Màn Gēn
Maria_F	玛丽 Mǎ Lì	美瑞 Měi Ruì	蔓莉 Màn Lì	玫雅 Méi Yǎ	梅丽 Méi Lì
Marion_F	曼容 Màn Róng	玛瑞 Mǎ Ruì	玛荣 Mǎ Róng	曼荣 Màn Róng	美雍 Měi Yōng
Marjorie_F	曼琴 Màn Qín	玛琪 Mǎ Qí	满济 Mǎn Jì	蔓琦 Màn Qí	美娇 Měi Jiāo
Mark_M	迈克 Mài Kè	麦克 Mài Kè	马克 Mǎ Kè	麦可 Mài Kě	马柯 Mǎ Kē

| Marlene_F | 美琳 | 美龄 | 梅玲 | 玛苓 | 曼云 |
| | Měi Lín | Měi Líng | Méi Líng | Mǎ Líng | Màn Yún |

| Martha_F | 美苔 | 眉泰 | 湄坦 | 梅坛 | 袤台 |
| | Měi Tái | Méi Tài | Méi Tǎn | Méi Tán | Mào Tái |

| Martin_M | 满庭 | 曼丁 | 懋亭 | 矛挺 | 漫霆 |
| | Mǎn Tíng | Màn Dīng | Mào Tíng | Máo Tǐng | Màn Tíng |

| Martine_F | 玛珍 | 蔓真 | 满铮 | 美贞 | 美臻 |
| | Mǎ Zhēn | Màn Zhēn | Mǎn Zhēng | Měi Zhēn | Měi Zhēn |

| Marven_M | 马文 | 矛武 | 毛威 | 茂文 | 茂纬 |
| Marvin_M | Mǎ Wén | Máo Wǔ | Máo Wēi | Mào Wén | Mào Wěi |

| Mary_F | 美丽 | 梅丽 | 玫丽 | 美俐 | 梅蕊 |
| | Měi Lì | Méi Lì | Méi Lì | Měi Lì | Méi Ruǐ |

| Mason_M | 梅逊 | 梅生 | 迈升 | 麦逊 | 茂盛 |
| | Méi Xùn | Méi Shēng | Mài Shēng | Mài Xùn | Mào Shèng |

| Mathew_M | 迈希 | 麦栩 | 满胥 | 迈修 | 麦秀 |
| | Mài Xī | Mài Xǔ | Mǎn Xū | Mài Xiū | Mài Xiù |

| Maud_F | 茉莉 | 墨黛 | 默岱 | 模迪 | 侔第 |
| | Mò Lì | Mò Dài | Mò Dài | Mú Dí | Móu Dì |

| Maurice_M | 模励 | 漠利 | 墨礼 | 默思 | 茂立 |
| | Mó Lì | Mò Lì | Mò Lǐ | Mò Sī | Mào Lì |

| Max_M | 马克 | 迈克 | 麦克 | 迈斯 | 麦斯 |
| | Mǎ Kè | Mài Kè | Mài Kè | Mài Sī | Mài Sī |

| May_F | 梅丽 | 美丽 | 玫丽 | 妙意 | 敏益 |
| | Méi Lì | Měi Lì | Méi Lì | Miào Yì | Mǐn Yì |

Micheal_M	满科 Mǎn Kē	漫柯 Màn Kē	芒开 Máng Kāi	麦康 Mài Kāng	迈可 Mài Kě
Michel_F Michelle_F	弥谐 Mí Xié	宓西 Mì Xī	美熙 Měi Xī	民谐 Mín Xié	美谐 Měi Xié
	米雪 Mǐ Xuě	美雪 Měi Xuě	美欣 Měi Xīn	麦谐 Mài Xié	蜜谐 Mì Xié
Mickey_M	米奇 Mǐ Qí	鸣奇 Míng Qí	明捷 Míng Jié	民杰 Mín Jié	宓奇 Mì Qí
Mirabel_F	敏倍 Mǐn Bèi	明贝 Míng Bèi	茗蓓 Míng Bèi	美宝 Měi Bǎo	珉贝 Mín Bèi
Miranda_F	米兰 Mǐ Lán	美兰 Měi Lán	美妲 Měi Dá	琅玳 Láng Dài	敏达 Mǐn Dá
Miriam_F	瑞雅 Ruì Yǎ	美雅 Měi Yǎ	鸣扬 Míng Yáng	明阳 Míng Yáng	民仰 Mín Yǎng
Mitchell_M	敏辛 Mǐn Xīn	铭谢 Míng Xiè	明新 Míng Xīn	民欣 Mín Xīn	宓谦 Mì Qiān
Molly_F	懋栎 Mào Lì	茉莉 Mò Lì	茂莉 Mào Lì	慕理 Mù Lǐ	慕礼 Mù Lǐ
Mona_F	梦娜 Mèng Nà	梦兰 Mèng Lán	萌莳 Méng Nán	孟兰 Mèng Lán	梦楠 Mèng Nán
Monica_F	茉莉 Mò Lì	眸丽 Móu Lì	墨灵 Mò Líng	沐霖 Mù Líng	慕玲 Mù Líng
Morgan_M	莫干 Mò Gān	牧甘 Mù Gān	慕刚 Mù Gāng	穆岗 Mù Gāng	茂根 Mào Gēn

MosesM	莫什 Mò Shí	沐升 Mù Shēng	慕施 Mù Shī	穆生 Mù Shēng	慕胜 Mù Shèng
MurielF	睦丽	穆丽	慕瑞	慕容	睦儒
MyraF	Mù Lì	Mù Lì	Mù Ruì	Mù Róng	Mù Rú
MyrrhaF					
MyrtleF	茉丽	茉莉	慕理	模理	慕力
	Mò Lì	Mò Lì	Mù Lǐ	Mó Lǐ	Mù Lì

NancyF	莳茜 Nán Xī	楠希 Nán Xī	蓝溪 Lán Xī	兰禧 Lán Xǐ	岚翕 Lán Xī
NaomiF	瑙宓 Nǎo Mì	洛美 Luò Měi	泺湄 Luò Méi	萝梅 Luó Méi	珞玫 Luò Méi
NatalieF	乐蒂 Lè Dì	娜丽 Nà Lì	蓝恬 Lán Tián	乃谦 Nǎi Qiān	乐陶 Lè Táo
NathanM	南唐 Nán Táng	男堂 Nán Táng	南庭 Nán Tíng	念亭 Niàn Tíng	年登 Nián Dēng
NellyF **Nellie**F	乐莉 Lè Lì	蕾丽 Lěi Lì	磊立 Lěi Lì	霓丽 Ní Lì	妮俐 Ní Lì
NevilleM **Newell**M	礼文 Lǐ Wén	理维 Lǐ Wéi	立伟 Lì Wěi	力卫 Lì Wèi	里昂 Lǐ Áng
NicholasM	立可 Lì Kě	礼珂 Lǐ Kē	黎轲 Lí Kē	理克 Lǐ Kè	立柯 Lì Kē
NickM **Nigel**M	尼克 Ní Kè	立铿 Lì Kēng	理恳 Lǐ Kěn	礼肯 Lǐ Kěn	黎可 Lí Kě
NoelM	洛安 Luò Ān	罗艾 Luó Ài	隆安 Lóng Ān	龙安 Lóng Ān	洛珥 Luò Ěr
NolaF	罗娜 Ló Nà	萝拉 Luó Lā	洛兰 Luò Lán	珞蓝 Luò Lán	乐朗 Lè Lǎng

| **Nolan**M | 诺莱 | 洛朗 | 珞琅 | 蕾蓝 | 龙磊 |
| | Nuò Lái | Luò Lǎng | Luò Láng | Lěi Lán | Lóng Lěi |

| **Nora**F | 珑然 | 罗兰 | 萝兰 | 隆楠 | 茏娜 |
| | Lóng Rán | Luó Lán | Luó Lán | Lóng Nán | Lóng Nà |

| **Norma**F | 萝玛 | 罗曼 | 若曼 | 洛曼 | 萝蔓 |
| | Luó Mǎ | Luó Màn | Ruò Màn | Luò Màn | Luó Màn |

| **Norman**M | 萝满 | 洛曼 | 若莽 | 诺缦 | 珞芒 |
| | Luó Mǎn | Luò Màn | Ruò Mǎng | Nuò Màn | Luò Máng |

| **Norris**M | 诺理 | 洛立 | 罗瑞 | 络理 | 罗礼 |
| | Luò Lǐ | Luò Lì | Luó Ruì | Luò Lǐ | Luó Lǐ |

| **Olga**F | 奥佳 | 欧佳 | 欧嘉 | 莞娇 | 沃嘉 |
| | Ào Jiā | Ōu Jiā | Ōu Jiā | Wǎn Jiāo | Wò Jiā |

| **Olive**F **Olivia**F | 奥芙 | 讴礼 | 欧隶 | 欧嘉 | 傲丽 |
| | Ào Fú | Ōu Lǐ | Ōu Lì | Ōu Jiā | Ào Lì |

| **Oliver**M | 敖立 | 奥立 | 欧黎 | 欧立 | 奥理 |
| | Ào Lì | Ào Lì | Ōu Lí | Ōu Lì | Ào Lǐ |

| **Osbert**M **Oswald**M | 讴北 | 欧博 | 翱波 | 奥勃 | 傲槐 |
| | Ōu Běi | Ōu Bó | Áo Bō | Ào Bó | Ào Huái |

| **Owen**M | 渥文 | 沃温 | 欧尉 | 鸥维 | 沃汶 |
| | Wò Wén | Wò Wēn | Ōu Wèi | Ōu Wéi | Wò Wèn |

PamelaF	白梅 Bái Méi	葩美 Pā Měi	芭湄 Bā Méi	培苗 Péi Miáo	佩梅 Pèi Méi
PalmerM	鹏陌 Péng Mò	蓬牧 Péng Mù	朋慕 Péng Mù	培睦 Péi Mù	沛墨 Pèi Mò
ParkerM **Pat**M	沛特 Pèi Tè	培陶 Péi Táo	鹏腾 Péng Téng	蓬德 Péng Dé	白蒂 Bái Dì
PatienceF	佩恬 Pèi Tián	沛欣 Pèi Xīn	佩幸 Pèi Xìng	培心 Péi Xīn	朋歆 Péng Xīn
PatriciaF	佩翠 Pèi Cuì	佩夏 Pèi Xià	培侠 Péi Xiá	璀霞 Cuǐ Xiá	翠霞 Cuì Xiá
PatrickM	鹏川 Péng Chūan	朋萃 Péng Cuì	沛椿 Pèi Chūn	培淳 Péi Chún	庞崔 Páng Cuī
PattyF	贝偶 Bèi Tì	蓓缇 Bèi Tí	佩奇 Pèi Qí	培蒂 Péi Dì	佩琪 Pèi Qí
PaulM	保仑 Bǎo Lún	保罗 Bǎo Luó	宝禄 Bǎo Lù	磐峦 Pán Luán	沛绿 Pèi Lù
PaulaF	包娜 Bāo Nà	宝兰 Bǎo Lán	彭乐 Péng Lè	佩娜 Pèi Nà	培乐 Péi Lè
PaulineF	宝玲 Bǎo Líng	保琳 Bǎo Lín	佩玲 Pèi Líng	宝龄 Bǎo Líng	彭丽 Péng Lì

Pearl_F	波绿 Bō Lǜ	沛雨 Pèi Yǔ	佩宜 Pèi Yí	培羽 Péi Yǔ	珀玉 Pò Yù
Peg_F **Peggy**_F	佩婕 Pèi Jié	佩姬 Pèi Jī	培丝 Péi Sī	蓬姬 Péng Jī	翩竞 Piān Jìng
Penelope_F	琵乐 Pí Lè	佩珞 Pèi Luò	培谊 Péi Yì	盼谊 Pàn Yì	朋立 Péng Lì
Penny_F	盼宜 Pàn Yí	佩妮 Pèi Nī	朋谊 Péng Yì	培翼 Péi Yì	沛毅 Pèi Yì
Percy_M	蒲西 Pǔ Xī	璞锡 Pú Xī	普熙 Pǔ Xī	蒲翁 Pú Xī	磐溪 Pán Xī
Peter_M	必达 Bì Dá	彼登 Bǐ Dēng	培德 Péi Dé	品德 Pǐn Dé	比丹 Bǐ Dān
Philip_M	培力 Péi Lì	菲立 Fēi Lì	福乐 Fú Lè	丰磊 Fēng Lěi	峰立 Fēng Lì
Phoebe_F	绯比 Fēi Bǐ	飞萍 Fēi Píng	斐碧 Fěi Bì	菲璧 Fēi Bì	翡碧 Fěi Bì
Phyllis_F	菲丽 Fēi Lì	飞鹏 Fēi Lì	斐立 Fěi Lì	芙莉 Fú Lì	馥莲 Fù Lián
Priscilla_F	瑞茜 Ruì Xī	茜娜 Xī Nà	锐思 Ruì Sī	蕊丝 Ruǐ Sī	熹岚 Xī Lán
Polly_F	宝丽 Bǎo Lì	宝俐 Bǎo Lì	波丽 Bō Lì	佩莲 Pèi Lián	培立 Péi Lì
Prudence_F	茹丹 Rú Dān	普茹 Pú Rú	若黛 Ruò Dài	如笃 Rú Dǔ	柔丝 Róu Sī

RachelF	瑞霞 Ruì Xiá	瑞秀 Ruì Xiù	蕾秋 Lěi Qiū	蕊青 Ruǐ Qīng	乐琴 Lè Qín
RalphM	若夫 Ruò Fū	诺夫 Nuò Fū	磊孚 Lěi Fú	罗阜 Luó Fù	乐赋 Lè Fù
RaymondM	雷盟 Léi Méng	瑞蒙 Ruì Méng	雷孟 Léi Mèng	蕾萌 Lěi Méng	瑞满 Ruì Mǎn
RandyM	仁棣 Rén Dì	润第 Rùn Dì	瑞迪 Ruì Dí	荣第 Róng Dì	龙顶 Lóng Tǐng
RebeccaF	丽倍 Lì Bèi	蕊碧 Ruǐ Bì	丽开 Lì Kāi	立凯 Lì Kǎi	瑞碧 Ruì Bì
ReubenM	鲁斑 Lǔ Bān	禄斑 Lù Bān	芦白 Lú Bái	伦本 Lún Běn	弩本 Nǔ Běn
ReynoldM	雷诺 Leī Nuò	瑞罗 Ruì Luó	磊落 Lěi Luò	荣禄 Róng Lù	融乐 Róng Lè
RhodaF	萝妲 Léi Nuò	珞苔 Luò Tái	洛覃 Luò Tán	若桃 Ruò Táo	若丹 Ruò Dān
RichardM	理琦 Lǐ Qí	礼杰 Lǐ Jié	立奇 Lì Qí	力骞 Lì Qiān	仁乾 Rén Qián
RitaF	丽姐 Lì Dá	丽丹 Lì Dān	丽桃 Lì Táo	瑞妲 Ruì Dá	李桃 Lǐ Táo

RobertM	若柏 Ruò Bǎi	洛波 Luò Bō	伦博 Lún Bó	罗伯 Luó Bó	罗勃 Luó Bó
RobinMF	罗宾 Luó Bīn	若屏 Ruò Píng	罗彬 Luó Bīn	乐平 Lè Píng	罗斌 Luó Bīn
	如冰 Rú Bīng	如碧 Rú Bì	若冰 Ruò Bīng	若萍 Ruò Píng	罗萍 Luó Píng
RogerM **Rodger**M	如坚 Rú Jiān	嵘建 Róng Jiàn	罗杰 Luó Jié	若剑 Ruò Jiàn	荣嘉 Róng Jiā
RolandM	如岚 Rú Lán	容朗 Róng Lǎng	儒兰 Rú Lán	融琅 Róng Láng	若澜 Ruò Lán
RonaldM	罗楠 Luó Nán	乐然 Lè Rán	禄纳 Lù Nà	若男 Ruò Nán	儒南 Rú Nán
RonneM **Ronney**M **Rony**M	仁义 Rén Yì	伦立 Lún Lì	雷毅 Léi Yì	若礼 Ruò Lǐ	儒立 Rú Lì
	若丽 Ruò Lì	如意 Rú Yì	容丽 Róng Lì	如俐 Rú Lì	如逸 Rú Yì
RoseF **Rosemary**F	玫瑰 Méi Guī	若玫 Ruò Méi	露丝 Lù Sī	如诗 Rú Shī	柔思 Róu Sī
	萝媚 Luó Mèi	如湄 Rú Méi	若梅 Ruò Méi	玫瑞 Méi Ruì	玫丽 Méi Lì
RossM	罗斯 Luó Sī	路思 Lù Sī	陆思 Lù Sī	卢思 Lú Sī	若斯 Ruò Sī
RubyF	如冰 Rú Bīng	茹比 Rú Bǐ	露宓 Lù Mì	绿碧 Lù Bì	如意 Rú Yì

Rudolf_M	儒道	笃多	鲁道	楮冬	如夫
	Rú Dào	Dǔ Duō	Lǔ Dào	Chǔ Dōng	Rú Fū

Ruppert_M	如鹏	儒沛	汝培	戎蓬	荣丕
	Rú Péng	Rú Pèi	Rǔ Péi	Róng Péng	Róng Pī

Ruth_F	如莳	若实	鹭丝	茹适	柔士
	Rú Shì	Ruò Shí	Lù Sī	Rú Shì	Róu Shì

S

SallyF	莎莉 Shā Lì	莎伊 Shā Yī	莎丽 Shā Lì	珊丽 Shān Lì	赛丽 Sài Lì
SamM **Sames**M **Sammis**M	山穆 Shān Mù 山密 Shān Mì	森牧 Sēn Mù 山明 Shān Míng	生睦 Shēng Mù 桑盟 Sāng Méng	瑟牧 Sè Mù 商牧 Shāng Mù	赛亩 Sài Mǔ 杉亩 Shān Mǔ
SamsonM	桑生 Sāng Shēng	善升 Shàn Shēng	上申 Shàng Shēn	山盛 Shān Shèng	杉胜 Shān Shèng
SamuelM	桑木 Sāng Mù	桑慕 Sāng Mù	杉慕 Shān Mù	飒绵 Sà Mián	山慕 Shān Mù
SandraF **Sarah**F	莎兰 Shā Lán	莎乐 Shā Lè	善兰 Shàn Lán	思兰 Sī Lán	赛岚 Sài Lán
ScottM	史可 Shǐ Kě	席肯 Xí Kěn	熙科 Xī Kē	西库 Xī Kù	希克 Xī Kè
SebastianM	柏田 Bó Tián	益添 Yì Tiān	庞田 Páng Tián	沛天 Pèi Tiān	泮田 Pàn Tián
SharleyF	谢莉 Xiè Lì	谐理 Xié Lǐ	谢丽 Xiè Lì	协丽 Xié Lì	谐丽 Xié Lì
SharronF	莎瑞 Shā Ruì	霞云 Xiá Yún	夏伦 Xià Lún	湘芸 Xiāng Yún	谢伦 Xiè Lún

ShelleyF **Sherrill**F	谢丽 Xiè Lì	茜莉 Xī Lì	璇霓 Xuán Ní	学礼 Xué Lǐ	雪妮 Xuě Nī
ShermanM	谢曼 Xiè Màn	熙满 Xī Mǎn	徐萌 Xú Méng	舒曼 Shū Màn	许茂 Xǔ Mào
SherryF **Shirley**F	雪莉 Xuě Lì	希立 Xī Lì	谢丽 Xiè Lì	雪妮 Xuě Nī	喜丽 Xǐ Lì
SidneyM	希礼 Xī Lǐ	惜黎 Xī Lí	喜倪 Xǐ Ní	熙旎 Xī Nǐ	玺年 Xǐ Nián
SilviaF	茜雅 Xī Yǎ	禧阳 Xǐ Yáng	喜扬 Xǐ Yáng	惜芽 Xī Yá	惜微 Xī Wēi
SimonM **Simonds**M	希孟 Xī Mèng	西蒙 Xī Méng	仙梦 Xiān Mèng	惜萌 Xī Méng	思萌 Sī Méng
SolomonM	苏骆 Sū Luò	肖罗 Xiāo Luó	孙伦 Sūn Lún	穗茂 Suì Mào	素罗 Sù Luó
SophiaF **Sophie**F	素雅 Sù Yǎ	苏菲 Sū Fēi	粟斐 Sù Fěi	颂飞 Sòng Fēi	澍菲 Shù Fēi
SpencerM	宾赛 Bīn Sài	史宾 Shǐ Bīn	史班 Shǐ Bān	斯朋 Sī Péng	思本 Sī Běn
StanfordM	思腾 Sī Téng	史福 Shǐ Fú	史凡 Shǐ Fán	思丰 Sī Fēng	思涵 Sī Hán
StanleyM	史立 Shǐ Lì	史丹 Shǐ Dān	思谈 Sī Tán	思亮 Sī Liàng	思立 Sī Lì
StellaF	史蒂 Shǐ Dì	思缇 Sī Tí	得乐 Dé Lè	桃乐 Táo Lè	丝岱 Sī Dài

StephenM **Steve**M	史文 Shǐ Wén	斯文 Sī Wén	石枫 Shí Fēng	思丰 Sī Fēng	迪奋 Dí Fèn
	史迪 Shǐ Dí	斯倜 Sī Tì	倜夫 Tì Fū	士凡 Shì Fán	思悌 Sì Tì
SueF	苏怡 Sū Yí	舒宜 Shū Yí	淑喜 Shū Xǐ	苏伊 Sū Yí	素仪 Sù Yí
SusanF **Susanna**F	苏珊 Sū Shān	素珊 Sù Shān	淑婉 Shū Wǎn	舒安 Shū Ān	淑赞 Shū Zàn
	澍珊 Shù Shān	舒姗 Shū Shān	树善 Shù Shàn	抒莘 Shū Shēn	素杉 Sù Shān
SusieF	苏适 Sū Shì	淑诗 Shū Shī	舒式 Shū Shì	舒茜 Shū Xī	淑世 Shū Shì
SylviaF	茜薇 Xī Wéi	喜雅 Xǐ Yǎ	淑婉 Shū Wǎn	史薇 Shǐ Wēi	晓薇 Xiǎo Wēi

TaylorM	泰勒 Tài Lè	特劳 Tè Láo	涛浪 Tāo Làng	陶雷 Táo Léi	陶乐 Táo Lè
TedM **Teddy**M	泰德 Tài Dé	太迪 Tài Dí	泰狄 Tài Dí	德棣 Dé Dì	德迪 Dé Dí
TerenceM **Theron**M	德仁 Dé Rén	登荣 Dēng Róng	特锐 Tè Ruì	得人 Dé Rén	棣伦 Dì Lún
TeresaF **Theresa**F	德莉 Dé Lì	瑞飒 Ruì Sà	瑞珊 Ruì Shān	蕊珊 Ruǐ Shān	芮莎 Ruì Shā
TerrellM **Terry**M	德锐 Dé Ruì	倜睿 Tì Ruì	得锐 Dé Ruì	逖仑 Tì Lún	迪锐 Dí Ruì
TheobaldM **Theodore**M	熙博 Xī Bó	喜勃 Xǐ Bó	希报 Xī Bào	喜宝 Xǐ Bǎo	玺褒 Xǐ Bǎo
ThomasM	栋木 Dòng Mù	东牧 Dōng Mù	洞睦 Dòng Mù	端慕 Duān Mù	登穆 Dēng Mù
TimothyM	逖芒 Tì Máng	迪萌 Dí Méng	墨希 Mò Xī	惕模 Tì Mó	笛慕 Dí Mù
TinaF	婷娜 Tíng Nà	亭兰 Tíng Lán	蒂娜 Dì Nà	恬然 Tián Rán	田蓝 Tián Lán
TomM **Tommy**M	棠木 Táng Mù	同茂 Tóng Mào	仲明 Zhòng Míng	通美 Tōng Měi	多明 Duō Míng

TonyM	陶尼 Táo Ní	同立 Tóng Lì	通隶 Tōng Lì	棠礼 Táng Lǐ	多理 Duō Lǐ
TracyM **Traris**M	崔熙 Cuī Xī	曾熙 Zēng Xī	仓奇 Cāng Qí	蔡锡 Cài Xī	曹西 Cáo Xī

VanceM **Valentine**M	范伦 Fàn Lún	方庭 Fāng Tíng	奉天 Fèng Tiān	芳廷 Fāng Tíng	范亭 Fàn Tíng
VeraF	薇娜 Wēi Nà	葳若 Wēi Ruò	炜然 Wěi Rán	雯娅 Wén Yà	文雅 Wén Yǎ
VeronicaF	若仪 Ruò Yí	文丽 Wén Lì	若丽 Ruò Lì	蔚丽 Wèi Lì	葳莉 Wēi Lì
VictorM	维德 Wéi Dé	炜唐 Wěi Táng	伟德 Wěi Dé	维堂 Wéi Táng	伟泰 Wěi Tài
VictoriaF	玮文 Wěi Wén	玮丽 Wěi Lì	玮雅 Wěi Yǎ	滔洋 Tāo Yáng	桃娘 Táo Niáng
VickiF	玮琦 Wěi Qí	蔚琪 Wèi Qí	薇琪 Wēi Qí	文奇 Wén Qí	雯祈 Wén Qí
VincentM	文森 Wén Sēn	雯兴 Wén Xīng	文心 Wén Xīn	温馨 Wēn Xīn	文新 Wén Xīn
VioletF	万蕾 Wàn Lěi	莞乐 Wǎn Lè	婉珞 Wǎn Luò	薇丽 Wēi Lì	葳蕾 Wēi Lěi
VirginiaF	文锦 Wén Jǐn	玮琴 Wěi Qín	菁雅 Jīng Yǎ	温雅 Wēn Yǎ	晶娘 Jīng Niáng
VivianF	玮文 Wěi Wén	雯安 Wén Ān	薇文 Wēi Wén	蔚洋 Wèi Yáng	炜阳 Wěi Yáng

WardM	华特	万通	望图	旺梃	威廷
WalterM	Huá Tè	Wàn Tōng	Wàng Tú	Wàng Tǐng	Wēi Tíng
WendyF	文棣	温蒂	莞迪	文缇	薇蒂
	Wén Dì	Wēn Dì	Wǎn Dí	Wén Tí	Wēi Dì
WiefridM	伟福	威孚	伟夫	维赋	尉甫
	Wěi Fú	Wēi Fú	Wěi Fū	Wéi Fù	Wèi Fǔ
WilbertM	伟伯	韦柏	卫勃	伟波	威博
	Wěi Bó	Wěi Bó	Wèi Bó	Wěi Bō	Wēi Bó
WilfredM	维福	伟夫	维德	威瑞	蔚芙
WilfordM	Wéi Fú	Wěi Fū	Wéi Dé	Wēi Ruì	Wèi Fú
WilliamM	维廉	伟良	为连	纬联	蔚谦
WillieM	Wéi Lián	Wěi Liáng	Wèi Lián	Wěi Lián	Wèi Lián
WilsonM	威逊	维成	伟琛	卫胜	文生
	Wēi Xùn	Wéi Chéng	Wěi Chēn	Wèi Shèng	Wén Shēng
WinifredF	威力	葳利	富瑞	伟福	玮皁
	Wēi Lì	Wēi Lì	Fù Ruì	Wěi Fú	Wěi Fù
WinstonM	文新	维成	威迅	文通	伟欣
WintonM	Wén Xīn	Wéi Chéng	Wēi Xùn	Wén Tōng	Wěi Xīn

Yale_M	叶鲁 Yè Lǔ	业乐 Yè Lè	耶乐 Yē Lè	也乐 Yě Lè	业路 Yè Lù
Yvonne_F	逸凡 Yì Fán	怡凡 Yí Fán	逸芳 Yì Fāng	奕芳 Yì Fāng	宜旺 Yí Wàng

Zames_M	赞直 Zàn Zhí	展斯 Zhǎn Sī	展思 Zhǎn Sī	赞思 Zàn Sī	展司 Zhǎn Sī
Zoe_F	卓奕 Zhuō Yì	焯奕 Zhuō Yì	祚颐 Zuò Yí	珠熠 Zhū Yì	琢玉 Zhuó Yù